Jim PathFinder Ewing:

Heilende Energien von Kraftplätzen und heiligen Orten

W0063902

Jim PathFinder Ewing

# Heilende Energien von
# **Kraftplätzen**
## und heiligen Orten

AQUAMARIN

1. Auflage 2008
© Aquamarin Verlag GmbH
Voglherd 1 • D-85567 Grafing
www.aquamarin-verlag.de

Titel der Originalausgabe: Finding Sanctuary in Nature
© Findhorn Press, Forres, Schottland

Übersetzung aus dem Englischen: Sabine Weeke
Satz: Sebastian Carl
Umschlaggestaltung: Annette Wagner

Druck: Bercker • Kevelaer

ISBN 978-3-89427-464-1

*Für die Mächte, die uns helfen,*
*unser Potenzial als Kinder der Erde*
*und des Himmels zu erfüllen.*

*Wir sind Kinder der Erde und des Himmels –*
*Unsere Körper aus Mutter Erde,*
*Unsere Seelen aus göttlichem Licht.*
*Wir wandeln zwischen den Welten,*
*als Mitgestalter des Universums*
*in diesem Augenblick der Unendlichkeit.*

# Inhalt

# Vorwort

Dieses Buch wurde nicht geschrieben, um die Leser mit einem bestimmten Blickwinkel auf die Welt zu indoktrinieren, sondern um eine weiter gefasste Sichtweise anzubieten, die für den Einzelnen und die Erde als Basis für Heilung und das Erlangen von Einheit dienen kann. Es gibt nicht nur einen Weg: Als Individuen müssen wir jeder unseren eigenen Weg finden. Wir sind alle Kinder des Himmels und der Erde, Wesen mit unglaublichen Kräften, doch in unserer Gesellschaft werden die angeborenen Fähigkeiten der Menschen oft nicht anerkannt oder geschätzt. Als ich in den fünfziger Jahren des letzten Jahrhunderts aufwuchs, waren Schamanismus oder der „Medizinweg" im Amerika der Durchschnittsbürger nicht anerkannt, und es gab nur wenige Möglichkeiten für Kinder, die Träume „sehen", die Zukunft vorhersagen oder den Gang der Dinge weissagen konnten.

Glücklicherweise ändert sich diese Situation inzwischen, und es werden Methoden gelehrt, die angeborenen Fähigkeiten und einzigartigen Visionen zu entwickeln. Die meisten werden als „New Age" eingestuft, obwohl viele davon Tausende von Jahren alt sind. Mit dem Aufkommen der neuen Medien – 24-Stunden-Satelliten und -Kabelfernsehen, das Internet, E-Mail und Websites – scheint die Welt zu schrumpfen. Die Informationsübermittlung findet augenblicklich statt. Das Internet mag in der Tat der Vorläufer für eine Zeit sein, in der wir alle durch ein Netz gemeinsamer Kommunikation und gemeinsamen Verständnisses miteinander verbunden sein werden; dies wird geschehen, indem wir, wie von alten Prophezeiungen vorhergesagt, die erweiterten Fähigkeiten dessen verwenden, was wir jetzt als Schamanismus oder „Medizinweg" bezeichnen. Bis dahin ist es für jeden von uns erforderlich, so viel wie möglich zu lernen und uns zu „wissenden" Männern und Frauen zu entwickeln.

Über die Jahre ist es mir eine Ehre und ein Privileg gewesen, mit Lehrern verschiedener indianischer Stämme zu arbeiten, darunter Cherokee, Choctaw, Yokuts, Lakota, Mayan, Irokesen und Diné (Navajo), neben einigen Anhängern östlicher spiritueller Lehren. Einer meiner Lehrer, Reiki-Meister William Lee Rand, der Gründer des International Center for Reiki-Training, sagte, dass er sich Reiki als Skeptiker genähert habe, der erst sehen wollte, ob es funktionierte, bevor er es annahm. Der wahre Test jeden Trainings oder jeder Praxis ist tatsächlich seine Fähigkeit, dich zu stärken, dir mehr Kraft zu geben, ein Mittel bereitzustellen, um des Lebens viele energetische Kräfte zu verstehen, zu einer unterstützenden Sichtweise des Lebens und der Welt zu führen und die volle Entwicklung der angeborenen Fähigkeiten zu fördern. Der Zweck dieses Buches ist es, den Lesern zu helfen, jedes dieser Ziele so gut zu erreichen, dass sie ihre einzigartige Vision verdeutlichen können.

Ein wesentliches Anliegen beim Schreiben war die Frage, wie die Traditionen der Indianer und ihre Rolle in der heutigen Welt am besten darzustellen sind. Letztendlich beschloss ich, auf genaue Informationen über Stammeszeremonien aus drei Gründen zu verzichten: Bestimmte Zeremonien gehören zu ihren entsprechenden Stämmen; die Zeremonien hätten wenig Bedeutung oder Kraft für Menschen, die mit den Stammestraditionen nicht vertraut sind. Der Zweck des Buches ist es aber, dir zu helfen, deine eigenen Zeremonien und Praktiken zu finden – solche, die eine spezielle Bedeutung für *dich* haben und dich in deiner eigenen Kraft bestärken.

Viele Menschen ohne persönlich bedeutungsvolle Zeremonien in ihrem Leben adoptieren die Zeremonien der anderen und hoffen dabei auf die Übertragung der innewohnenden Kraft. Dies ist jedoch eine falsche Hoffnung, und diesen Weg zu unterstützen, wäre daher unnütz. So hätte ich in diesem Buch beispielsweise eine schöne und wirksame Cherokee-Heilungszeremonie beschreiben können, in der „Hirsch-Geister" gerufen werden, um einem Patienten bei der Genesung zu helfen. Doch ohne die Worte oder das kulturelle Milieu, aus dem die Zeremonie stammt, zu verstehen, würde das Sprechen der nicht zu entziffernden Worte und das Ausführen der unerklärlichen Handlungen nicht ausreichen, sich mit den notwendigen heilenden Kräften zu verbinden; die Lücke zwischen den Welten wäre zu groß. Denn es sind die Menschen, die den Worten und Handlungen Kraft verleihen. Genauso wie von Herzen kommende Gebete Kraft haben, weil sie eine Absicht beinhalten, erfordern auch Zeremonien, dass sie in Übereinstimmung mit dem Schöpfer ausgeführt und somit in absoluter Bewusstheit vollzogen werden.

Viele Indianer äußern Unmut darüber, dass ihre Zeremonien von Nicht-Stammesangehörigen „gestohlen" oder durch deren Gebrauch befleckt werden. Diese Haltung stammt häufig aus einem Mangel an Verständnis in Bezug auf die positive Rolle, welche die alten Traditionen in der heutigen Welt spielen können. Diese Menschen sehen ihr Erbe als einen Besitz, der gestohlen werden kann, während ein Erbe in Wirklichkeit nicht entwendet werden kann – es kann allerdings verlorengehen. Zeremonien, die nur zu historischen oder kulturellen Werkzeugen geworden sind, werden sicherlich verlorengehen; die praktizierten und gelebten Traditionen andererseits werden Veränderungen durchlaufen, wie alle lebenden Dinge. Außenstehende, die einheimische Traditionen annehmen und sie für eine Weile verwenden, bevor sie sie weiterreichen, können tatsächlich auf positive Art und Weise zu diesem Wandel beitragen. Die alten Zeremonien sind keine Museumsstücke – tot und ohne Leben –, sofern wir sie nicht zu solchen machen; dies geschieht, wenn wir ihnen ihre Lebenskraft dadurch rauben, dass wir sie als Objekte betrachten, anstatt sie als lebende, sich wandelnde und durch Gebrauch und Ausdruck wachsende Traditionen zu sehen. Menschen, welche die alten Traditionen verstehen, sollten sich daran erfreuen, sie überall gedeihen und stärker werden zu sehen.

Hinzu kommt, dass manche Menschen darüber klagen, dass die heute praktizierten Zeremonien nicht authentisch genug sind. Als sich ein Mann bei einem kürzlich stattfindenden Green Corn Festival hierüber beschwerte, fragte ich ihn, wie stark er sich dazu bekenne, den alten Traditionen präzise zu folgen. War er bereit, sich vor der Versammlung nackt auszuziehen und sich von Kopf bis Fuß mit einem siebenzähnigen Kamm zerkratzen zu lassen, bis sein Blut frei lief? War er willens, alle drei Monate sieben bis zehn Tage für Fasten, Beten und Tanzen durch Tag und Nacht vorzusehen, nicht nur an gelegentlichen Wochenenden und an den wenigen Tagen, die er bei der Arbeit frei bekommen konnte? War er bereit, in die Wälder zu gehen, um Rehe für die Menschen zu töten und den Tieren die Zungen für eine heilige Zeremonie herauszuschneiden? Das Praktizieren der alten Zeremonien auf die herkömmliche Art und Weise spiegelt die Verpflichtung wider, einen bestimmten Lebensstil aufrechtzuerhalten; die Anpassung der Zeremonien an die heutige Welt hingegen reflektiert das Versprechen, den Geist der Vorfahren durch das Weitertragen ihrer Lehren an die neuen Generationen zu ehren. Im Gegensatz zu engstirniger Authentizität ist das Überdauern der alten Traditionen das größere Geschenk. Es wird dadurch erreicht, dass den Traditionen kontinuierlich Leben verliehen wird, so dass sie überall, zwischen allen Völkern, gedeihen und damit überdauern.

Die Miniconjou Sioux-Pfeifenträgerin Suzanne Dupree, auch als Looking Back Woman bekannt, hat sich dazu geäußert, wie das „Schützen" der alten Traditionen dazu verwendet wird, ihnen eine Exklusivität zu verleihen, die mit ihrer wahren Natur im Widerspruch steht. Sie merkt an, dass früher Frauen die spirituelle Macht mit Männern geteilt hätten und ihnen die Pflicht oblag, die Fortführung der heiligen Traditionen von Generation zu Generation zu gewährleisten. Heutzutage jedoch wären die meisten „Medizinmenschen" Männer, die Entscheidungen ohne Berücksichtigung der Ansichten von Frauen treffen würden – nicht einmal derer der Ältesten, der traditionellen Hüterinnen der Weisheit des Stammes. Und dies, obwohl es eine Frau war, White Buffalo Calf Woman, die dem Volk der Lakota die heilige Pfeife übergab.

Weiterhin hat Dupree Erlasse wie etwa die „Protection of Ceremonies" (Schutz der Zeremonien) angeprangert: Hier gibt eine Gruppe von Lakota-Männern – nicht eine einzige Frau unter ihnen –, öffentlich bekannt, dass nur Menschen vom Volk der Lakota oder Sioux Oyate mit von der Bundesregierung ausgestellten Zertifikaten ihrer Blutzugehörigkeit Zeremonien abhalten oder autorisieren können und diese in Lakota vollzogen werden müssen. Sie erklärt:

> *Wie kann irgendjemand bestimmen, wer dazu qualifiziert ist, Zeremonien abzuhalten und wer nicht? Ist es nicht der Schöpfer, der unsere Herzen berührt und sie zum Altar ruft? Durch die Forderung von Sprache, Blutzugehörigkeit und anderen eigennützigen Voraussetzungen werden unseren spirituellen Traditionen Dogma und Doktrin eingeimpft, wo Jahrtausende von Jahren keine existierten. Wir dürfen Menschen nicht vorschreiben, was sie glauben müssen.*
>
> *Dadurch, dass sie die Tür zu unserem Glauben und unseren alten Riten für Außenstehende schließt, schließt die Proklamation den Heiligen Ring, der alles Leben beinhalten soll. Statt Mitgefühl mit den Tausenden von Menschen weltweit zu haben, die den aufrichtigen Wunsch haben, die Zeremonien zu lernen, wird ihnen mit der Faust begegnet. Statt die großartige Aufgabe anzunehmen, die Zeremonien zu lehren, will*

*der Verfasser der Proklamation den Markt beherrschen und
diktieren, wer oder wer nicht in den Kreis treten darf.*[1]

Es gilt, die Medizinlehren mit anderen zu teilen, um das Überleben unserer Welt zu sichern, wie der verstorbene Frank Fools Crow, ein Oglala-Medizinmann, sagte: „Das Überleben der Welt hängt davon ab, dass wir teilen, was wir haben, und zusammenarbeiten. Wenn wir dies nicht tun, wird die ganze Welt sterben. Erst der Planet und danach die Menschen."[2]

Er stand und steht mit dieser Ansicht nicht allein da. Auch White Bison, die indianische Wellbriety Gruppe („Wellbeing in Sobriety" – nüchtern und ausgeglichen, im Gleichgewicht) betont seit Jahren, dass einheimischen Ureinwohnern das Wissen um die natürliche Welt gegeben wurde, um es mitzuteilen. In alten Zeiten wurde ihnen vom Schöpfer gesagt: „Ihr werdet die Hüter von Mutter Erde sein. Ich werde euch das Wissen um die Natur, über die Vernetzung aller Dinge, über das Gleichgewicht und über das Leben in Harmonie geben. Ihr Roten Völker werdet die Geheimnisse der Natur sehen. Euer Leben wird beschwerlich sein und der Segen davon ist, dass ihr dem Schöpfer nahe bleiben werdet. Es wird der Tag kommen, wenn ihr die Geheimnisse mit den anderen Menschen auf der Erde teilen müsst, weil diese von ihren eigenen spirituellen Wegen abkommen werden."[3]

Der verstorbene Mad Bear Anderson, ein Medizinmann der Irokesen, hat hervorgehoben, wie die indianische Spiritualität als Mittler zwischen Religionen des Ostens und des Westens dienen und dabei die Harmonie auf der Erde verstärken könnte: „Die östlichen Religionen repräsentieren Spiritualität, die nach innen schaut. Die westlichen Religionen repräsentieren Spiritualität, die dazu neigt, nach außen zu schauen. Wir sind das Volk, dessen Spiritualität sich in der Mitte bewegt. Wir stehen für das Heilige der Natur, für die geheiligten Wege von Mutter Erde. Daher können wir Vermittler zwischen Ost und West sein, indem wir die anderen daran erinnern, dass die Natur heilig und voll des Großen Geistes ist."[4]

Peter V. Catches, ein Lakota Medizinmann der 38. Generation, der heute die alten Lehren der Spotted Eagle Tradition weiterträgt, hat erklärt: „Da wir in einer Welt voller Befangenheit leben, müssen wir nach innen schauen, um die wahre Natur unserer selbst zu finden. Jetzt ist die Zeit, sich zu wandeln und sich auf den Weg zur Erleuchtung zu begeben, unsere alten Ängste voreinander loszulassen. Wenn das Leuchtfeuer des liebenden Lichtes hell in unserem einst dunklen und einsamen Herrschaftsbereich brennt, werden wir die Trommeln der Einheit schlagen und ihre Lieder singen."[5]

Niemand anderes als die verstorbene Martha Bad Warrior, Hüterin des White Buffalo Calf Pipe Bundle der Sioux Oyate, sagte: „Dieses Erbe ist derart, dass es zum Wohle der gesamten Menschheit offen sein soll, ungeachtet der Rasse, des Glaubens, der Hautfarbe..."[6]

Diese führenden Stimmen der indianischen Stämme der Vergangenheit und Gegenwart sollten beachtet werden, wie auch die Geschichte bezeugt. Während der vergangenen fünfhundert Jahre hat die westliche Kultur die Erde mit ihren Werten von Patriarchat, Materialismus, Ausschluss, Beherrschung und Hierarchie dominiert, was zu ernsthaften Ungleichgewichten geführt hat. Daraus folgt, dass die Traditionen der Ureinwohner, die Gleichgewicht durch Einbeziehung, Koexistenz und Einheit betonen, in der heutigen Welt bitter benötigt werden.

Wir müssen alle hervortreten, um unser Wissen zu teilen. Mein Name, *Nvnehi Awatisgi* (Cherokee, nju-ney-hii a-UAT-is-gii), ist mir von einem spirituellen Ältesten der Keetowah (Cherokee) gegeben worden. Es ist sowohl ein Name als auch eine Verpflichtung. Er bedeutet „der, der den Pfad findet"; und normalerweise wird er jemandem gegeben, der schon viele Wege gegangen ist – solche, die gut waren, und solche, die weniger gut waren –, so dass seinem auf Weisheit und Erfahrung basierendem Rat vertraut werden kann. In der Tradition der Indianer ist es eine der größten Ehren, die einem Menschen zuteil werden kann, wenn man einen Namen erhält, der in der Vergangenheit von jemandem mit Ehre getragen wurde. Dieser Name wurde von einem 1827 verstorbenen Cherokee-Häuptling getragen, der sein Volk gut geführt hat. Doch der Name besitzt noch einen höheren Zweck, einen spirituellen Impuls. Path, *nvnehi*, bedeutet auch „die Unsterblichen". Derjenige, der diesen Namen trägt, ist nicht nur verpflichtet, anderen zu helfen, den besten Weg für sie zu finden; er ist verpflichtet, ihnen bei der Suche nach dem höchsten Weg, dem Weg zu den Unsterblichen, zu helfen. Das sind meine Hoffnung und mein Gebet mit diesem Buch.

Obwohl sich der Buchtitel auf die Lehren der Indianer bezieht, gibt es hier so viele Traditionen wie Stämme, Gruppen und Völker vor der europäischen Eroberung. Die vorgestellten Zeremonien und andere ihnen ähnliche betonen die positiven Qualitäten von Einbeziehung, Einheit und Spiritualität – und können uns so helfen, Gleichgewicht für uns selbst und die Erde zu bringen. Diese Prinzipien finden sich tatsächlich im Herzen aller größeren religiösen Traditionen, obwohl sie von verschiedenen politischen Vorurteilen und Praktiken überschattet werden können. Sie sind in der Natur – auch in unserer eigenen Natur – zu finden, und warten nur darauf, angesprochen zu werden, um Zuflucht, Heilung und Einheit zu bieten.

*Wisatologi nihi!* („Viele Segenswünsche auf deinem Wege!")

# Zur Einführung

Die Welt, die wir bewohnen, ist voll von Orten des Tumults oder Friedens, Leids oder Glücks. Manche Orte rufen in uns ein Gefühl von Chaos und Aufruhr hervor, während andere uns ein Gefühl von Gelassenheit und Erhebung vermitteln. Doch sind wir nicht nur reine Marionetten der uns umgebenden Kräfte, Energien unterlegen, die außerhalb unserer Kontrolle liegen. Wir können unsere Realitäten wählen: Wenn wir die uns innewohnende Quelle der Schöpfung finden und ihr erlauben, in die körperliche Welt hinauszustrahlen, ordnet sie unsere Umwelt neu. Ebenso können wir aktiv Räume in der Natur schaffen, die Klarheit, Heilung und Einheit fördern, und somit für uns als heilige Orte dienen.

Auch wenn das landläufige Bild der Natur eine Szene der Wildnis ist: Ob wir uns in einem ländlichen Gebiet oder in der am dichtesten bevölkertsten Stadt aufhalten, Natur lebt sowohl rund um uns herum wie auch in uns selbst. Um uns herum können wir die Natur nicht nur in Landschaften, wie Gebirgen, Stränden, Meeren, Wüsten, Prärien, Seen, Flüssen, Hügeln und Urwäldern, sondern auch in Hinterhöfen, auf unbebauten städtischen Bauplätzen und sogar in Gartenräumen oder in Topfpflanzen daheim oder im Büro sehen.

Ob wir in der Natur heilige Orte für Ruhe und einen heilenden Raum finden, hängt davon ab, wie wir mit der Natur innerlich wie auch äußerlich in Verbindung stehen. Um eine bedeutsame Verbindung zu schaffen, musst du erkennen, dass du selbst Naturkräfte in dir trägst, und verstehen, wie sich diese Naturkräfte in dir mit denen außerhalb von dir gegenseitig beeinflussen. Letztendlich brauchst du keine esoterischen Fähigkeiten oder die Intervention eines Experten, um heilige Orte in der Natur für einfache Heilungszeremonien für dich und andere zu finden. Mit Hilfe von Geistführern und -helfern kann jeder innerlich wie äußerlich Verbindung mit den mächtigen Naturkräften aufnehmen; erforderlich hierfür sind nur das Verständnis der daran beteiligten spirituellen Prinzipien, ein paar Werkzeuge, die einfach zu bekommen oder herzustellen sind, und die Kenntnis einiger grundsätzlicher Techniken. Alles, was zum Erfolg notwendig ist, sind Unvoreingenommenheit und ein offenes Herz sowie die Bereitschaft, dem Unbekannten zu begegnen, damit du zur Natur „heimkommen" kannst.

Dieses Buch informiert über die Prinzipien, Werkzeuge und Techniken, die notwendig sind, um sich die Kraft der Natur für heilende Zeremonien zunutze zu machen. Weiterhin bietet es Anleitungen und Übungen für das Entwickeln der Fähigkeiten, mit Krafttieren als Führer in Verbindung zu treten, ein Medizinrad zu bauen und verlorene Stücke der Seele zurückzuholen und zu integrieren, und mehr. Leserinnen und Lesern wird geraten, ein Notizbuch für Beobachtungen zu führen. Dies kann sich als nützlich bei der Auffindung neuer Wege der inneren Selbstfindung erweisen; Einträge meines eigenen Notizbuchs sind als Beispiele hierfür angegeben.

Die ersten drei Kapitel dieses Buches schließen jeweils mit einer kurzen Zusammenfassung der wichtigsten Punkte, die einen einfachen Zugriff auf einen Blick erlauben; eingeschlossen sind wichtige Suchworte für das Internet, wo weiteres Material zu verwandten Themen zu finden ist. Das vierte Kapitel stellt eine Auswahl an Zeremonien vor; mit Details dazu, wie sie mit den Prinzipien, Werkzeugen und Techniken ausgeführt werden können, die in den ersten drei Kapiteln vorgestellt wurden. Das Buch schließt mit einem Glossar von Begriffen, die spezifisch für Zeremonien sind. Zusätzlich dazu bietet die Website „Healing the Earth/Ourselves" unter http://www.blueskywaters.com Bücher, CDs, Werkzeuge und zusätzliches Lesematerial, das auf dem Postweg oder per E-Mail bestellt werden kann, ebenso wie eine Übersicht regelmäßig stattfindender Kurse und Workshops.

Wenn du die Informationen dieser Seiten aufnimmst und die beschriebenen Zeremonien praktizierst, wird sich dein inneres Leben und der Blick auf die Welt um dich herum ändern. Du wirst wahrscheinlich Heilung und Frieden auf vielen Ebenen erfahren, und auch die Liebe und Freude, die davon herrührt, diese Gaben anderen und der Erde zu schenken.

# KAPITEL 1

## Deinen heiligen inneren Raum finden

*Nur in mir brennt das Feuer, das ich entzünde.*
*Mein Herz, der Altar.*
*Mein Herz, der Altar.*

UNBEKANNTE BUDDHISTISCHE NONNE

Wenn wir eine heilige Stätte in der Natur für das Abhalten von Zeremonien finden wollen, müssen wir als ersten Schritt auf dem dortigen Weg den heiligen Raum in uns selbst finden. Obwohl dies für jede Art von Zeremonie wesentlich ist, konzentrieren sich die Menschen häufig nicht intensiv genug darauf, um genügend Erfahrungen darin zu sammeln. Es kann tatsächlich manchmal für erfahrene Profis schwieriger als für Novizen sein, weil letztere oft glauben, dass sie es nicht richtig können und sich daher der Aufgabe mit viel Energie widmen. „Experten" hingegen neigen leicht zu der Auffassung, dass sie sich nicht länger darum bemühen müssen, den heiligen inneren Raum zu finden, da vergangene Erfahrungen gezeigt haben, dass dieser Raum bereits in ihnen existiert. Das Ziel liegt zwischen diesen beiden Extremen – eine konzentrierte Absicht ohne vorgefasste Vorstellungen.

Hierfür muss man Sorgfalt walten lassen, damit das Ego oder die Persönlichkeit nicht in die Quere kommen, denn Zeremonien erfordern einen nahezu „Ego-losen" Zustand, wie östliche Traditionen es beschreiben. Es ist notwendig, die Bedeutung des Egos als einen Überlebensmechanismus anzuerkennen; ebenso wichtig jedoch ist es zu verstehen, wie das Ego uns dazu verleiten kann, alles nur im Hinblick auf das kleine Selbst zu sehen, was zu Eigennutz und zu einer verzerrten Sicht auf die Welt führt. Die Persönlichkeit, die das Ego beinhaltet, drückt eher aus, wer wir zu sein meinen, als wer wir wirklich sind – ein wesentlicher Unterschied. Menschen aus dem Westen haben oft Schwierigkeiten, das Konzept eines „Ego-losen" Zustandes, auf dem die meisten meditativen und spirituellen Praktiken aufbauen, anzunehmen. Um diesen Gedanken besser zu verstehen, stelle dir einen Vogel vor, der ohne Anstrengung im Wind schwebt, während er die Strömungen des Fluges mit einem einzigen Umlegen seiner Flügelspitze steuert; dann erblicke den Vogel so, wie du in deinem am wenigsten vom Ego beeinflussten Zustand bist, mit deinen Flügeln als Absicht und dem Wind als der dich umgebenden Kraft der Natur.

## Konsens-Realität im Gegensatz zur nicht-gewöhnlichen Realität

Um unseren heiligen inneren Raum für das Abhalten von Zeremonien zu finden, müssen wir sowohl einen Ego-losen Zustand erreichen als auch die Existenz einer umfassenderen, nicht-gewöhnlichen Realität, jenseits der alltäglichen Konsens-Realität, zulassen. Diese nicht-gewöhnliche Realität bildet die Basis für das Auftreten von Wundern und von allen Weisheitstraditionen. Der toltekische Schamanismus behauptet beispielsweise, dass (nicht-körperliche) Erscheinungen und Ereignisse ebenso real sind wie solche, die wir täglich erkennen. Sie können in unsere wahrnehmbare Wirklichkeit eintreten, wenn wir ihre Existenz zulassen. Unsere Konsens-Realität oder alles das, was bekannt oder benannt ist, wird *tonal* (TOUN-ool) genannt, während die nicht-gewöhnliche Realität, oder alles das, was sein kann, als *nagual* (NAHU- ool) bezeichnet wird.[1] Die Dimension des *nagual* ist viel weitreichender als unsere normale, beschränkte Vorstellung der Realität.

Betrachte dieses Bild: Wenn dein Bewusstsein ein weit strahlendes Licht ist, dann ist alles innerhalb des Lichtkreises das *Tonal* und alles innerhalb und außerhalb des Lichtkreises das *Nagual*. Sich diese Sichtweise zu eigen zu machen bedeutet, in einer Welt der unendlichen Möglichkeiten zu leben, in der du in der Lage bist, alles, was gesehen oder nicht gesehen werden kann, bekannt oder nicht bekannt ist, wahrzunehmen – und zu beeinflussen. Ein Mensch, der dies tut, wird häufig *nagual* genannt. Für das Abhalten von Zeremonien solltest du dich mit dem Gedanken anfreunden, dass du die Fähigkeit hast, ein *Nagual* zu werden, und dass die Geistführer, Engel und höheren Kräfte, die wir die *Mächte* nennen, weil sie unsterblich sind, dich darin unterstützen, zu werden, was du wirklich bist – ein Wesen, das eins mit der gesamten Schöpfung ist.

Es gibt Techniken, um festzustellen, wann ein Mensch das *Nagual* im Gegensatz zum *Tonal* wahrnimmt. Zuerst musst du erkennen lernen, wann du aus deinem authentischen Selbst (wer du bist) anstatt aus deiner Persönlichkeit (wer du zu sein glaubst) heraus agierst. Viele Rituale, darunter lange einsame Wachen – *Vision Quest* (Visions-Suche) genannt – oder Pfeifen-Fasten konzentrieren sich darauf, diese Fähigkeit zu entwickeln. Solche Perioden der Isolation auf einem Berg, in einer Mulde oder einem anderen abgeschiedenen Ort, lehren einen Menschen erkennen, wann das authentische Selbst wirksam ist und was „wirklich man selbst zu sein" bedeutet.

Eine einfache Technik, um festzustellen, „wer das Sagen hat" – dein authentisches Selbst oder deine Persönlichkeit – ist es, Antworten auf deine Gespräche mit dir selbst in deinem Kopf zu beobachten. Unsere Gespräche mit uns selbst rühren von unserer Persönlichkeit her, die durch einflussreiche Figuren in unserem Leben, wie beispielsweise Eltern, Lehrer, Vorgesetzte, Gleichgestellte und Mitschüler, geformt worden ist. Du kannst mit Sicherheit annehmen, dass diese Einflüsse die Macht übernommen haben, wenn du Stimmen in deinem Kopf hörst, die dir sagen, wie du zu denken oder zu handeln hast oder die deine Absicht bewerten. Dieses Geschwätz kann selbstzerstörerisch und blockierend sein und dich davon abhalten zu tun, was du weißt, was gut für dich ist oder was du dir am meisten wünschst.

## Von den „Stimmen" zum Ruhepunkt

Unsere inneren Selbstgespräche sind oft so tief verwurzelt, dass sie uns davon abhalten, neue Wege des Denkens und Seins zu erforschen – und damit zu wachsen. Eine gängige „Stimme" ist beispielsweise die des Realisten, die auf dem Gedanken beruht, dass nichts existiert, sofern es nicht jenseits jeglichen Zweifels streng bewiesen ist. Diese Art, die Dinge zu sehen, bildet die Basis für Wissenschaft, Logik und Pragmatismus. Aber sie schließt den Großteil der Wirklichkeit aus, weil sehr wenig dessen, was tatsächlich im Universum geschieht, objektiv gemessen werden kann; und selbst dann der Akt des Beobachtens das beobachtete Objekt verändert, wie die Physik selbst bewiesen hat. Anstatt den Entdeckungsgeist anzuwenden, der das Ziel der Wissenschaft ist, benutzen Menschen, die solch einer „Realisten"-Stimme folgen, ihr begrenztes Wissen, um neue Ideen zu entmutigen und das Unbekannte hinweg zu erklären.

Tatsächlich ist es so, dass wir, wenn wir nur das, was bekannt ist und von dem man annimmt, dass man es wissen kann, in unser Bewusstseinsfeld und unsere Sicht der Realität aufnehmen, unser Universum auf einen Bruchteil dessen begrenzen, was existieren könnte. Dann schließen wir die Wunder aus, die ein Teil der Natur selbst sind. Darüber hinaus werden wir sie, wenn sie auftreten, weder sehen noch schätzen, wenn wir unbekannten und unerwarteten Ereignissen keinen Raum geben.

Selbst Wissenschaftler erkennen die zugrunde liegende systematische Messabweichung an, wie sie in dem sogenannten „Random

Rat"-Syndrom gespiegelt wird: Wenn 99 von 100 Experimenten das gleiche Ergebnis haben, wird das eine, das die Übereinstimmung verzerrt, gewohnheitsmäßig herausgenommen. Tatsächlich ist es so, dass es keine Wissenschaft gäbe, wäre da nicht die Kraft hinter der gesamten materiellen Wirklichkeit, die nicht quantitativ bestimm- oder messbar ist, da sie unendlich und nicht erkennbar ist. Manche Indianer nennen diese Kraft „das Große Mysterium", Schöpfer oder Gott.

Die Stimme des Realisten ist in der westlichen Kultur derart durchdringend (überall vorhanden), dass nahezu jeder sie in größerem oder geringerem Maße besitzt. Sie dient dem nützlichen Zweck, uns das Funktionieren in einer dreidimensionalen Welt mit anderen körperlichen Wesen, die unsere Konsens-Realität teilen, zu ermöglichen. Dadurch, dass sie vorgibt, uns vor möglichem Schaden zu bewahren, der mit allem zusammenhängen könnte, was nicht bereits mit einem erfolgreichen Ergebnis ausprobiert worden ist, sorgt diese Stimme allerdings auch dafür, dass wir in einem ängstlichen Zustand verharren. Sie hilft uns, den Status Quo zu bewahren, verhindert damit aber letztendlich Wachstum und eine weiter gefasste Erfahrung des Lebens. Aus diesem Grund wird im Schamanismus die vom Realisten verkörperte Ego-Rolle häufig als separates Wesen porträtiert, dessen Absicht nicht in unserem besten Interesse ist, und das ausgetrickst oder überlistet werden muss, wenn wir Einsicht in das gewinnen wollen, was wirklich real ist und wenn wir das authentische Selbst entdecken wollen. Um das authentische Selbst zu finden, musst du daher erkennen, dass die Stimmen, die du hörst, nicht du selbst bist, sondern dass sie ziemlich begrenzte Rollen mit ihren eigenen Vorstellungen widerspiegeln. Da nahezu alle Weisheitstraditionen lehren, dass das wirkliche Selbst die Stille in uns ist, ist dieser Raum als „Ruhepunkt" bekannt; und dein wirkliches Selbst ist derjenige, der den Stimmen in deinem Kopf kritisch zuhört.

Deine Antwort auf diese Stimmen bestimmt, wer die Kontrolle hat. Wenn du ihnen zuhörst und daraufhin handelst, dann hat deine Persönlichkeit die Kontrolle. Aber wenn du ihnen zuhörst und sie verklingen lässt oder dein Verhalten bewusst wählst, dann ist es dein authentisches Selbst, das von deinem heiligen inneren Raum aus handelt. Dein Ziel beim Vorbereiten auf eine Zeremonie ist es, dich von den Stimmen des „was ist wenn", „aber" und den Ängsten der Selbstgespräche im Kopf nicht beeinflussen zu lassen und das Handeln aus der Verbindung mit diesem inneren Raum heraus zu lernen.

## Den *Trickster* austricksen

Unsere Persönlichkeit hält uns durch verschiedene Tricks, die alle ihren Ursprung in der Furcht haben, davon ab, unseren heiligen inneren Raum zu finden. Diese Tricks können als Streiche verstanden werden, die uns unsere Persönlichkeit spielt: Sie will uns davon abhalten zu entdecken, wer wir wirklich sind und verhindern, von unserem authentischen Selbst aus zu handeln. Verschiedene Religionen und spirituelle Wege, die dieser Dynamik gewahr sind, lehren, dass die erste zu bewältigende Hürde zum Führen eines spirituellen Lebens die Lähmung durch Furcht ist. Die Furcht zu besiegen, kann eine derartig große Herausforderung sein, dass viele Menschen, die einem spirituellen Weg folgen möchten, letztendlich aufgeben – und zwar aus gutem Grund. Das Überwinden der Furcht ist eine unmögliche Aufgabe, denn Furcht kann so viele Formen oder Masken annehmen, wie die eigene Persönlichkeit dafür zu erfinden vermag. Um die Persönlichkeit, den Ursprung all dieser Ängste, zu überwinden, müssen wir merken, wie sie uns austrickst, und sie dann überlisten oder selber austricksen.

Ein Weg, das Funktionieren der Persönlichkeit zu verstehen, ist es, sich mit der indianischen Tradition des *Tricksters* (Gauner, Schwindler) auseinanderzusetzen. Der *Trickster* erscheint in einer Vielzahl von Verkleidungen: Unter den Stämmen des amerikanischen Nordwestens ist er als Rabe bekannt, unter den westlichen Stämmen als Kojote, unter den Cherokee (Tsalagi) in den östlichen Vereinigten Staaten als Kaninchen und in anderen Kulturen rund um die Welt unter verschiedenen weiteren Namen. Der *Trickster* weiß immer mehr als die Menschen, wird aber letztendlich durch seine eigenen Spiele ausgetrickst. Eine schöne Apachen-Geschichte erzählt beispielsweise, wie der *Trickster* Kojote durch die Welt zieht und Dingen Namen verleiht. Plötzlich tritt ein Unsterblicher, *Boy of the Water* (Junge des Wassers), der bereits existierte, bevor die Erde geschaffen wurde, hinter einem Busch neben einem Wasserlauf hervor und sagt ihm, dass jemand kommen wird, welcher der Namensgeber der Dinge sein wird und damit seinen Platz als erstes Wesen auf Erden übernimmt. Kojote ist besorgt und fragt: „Werde ich sterben?" Der Unsterbliche antwortet ihm: „Nein, es wird viel Mühsal geben und Kojote wird leiden, wie alle Wesen auf der Erde, aber Kojote wird niemals sterben."

Diese Erzählung erinnert uns daran, dass Kojote immer bei uns Menschen bleiben wird, unabhängig davon, wie wir unsere Welt gestalten.[2] Unsere Persönlichkeit, unser trickreiches wildes Wesen, wird niemals sterben, selbst wenn es immer wieder Gestalten, Formen und Masken wechseln wird. Ebenso wird auch unser authentisches Selbst, unser heiliger innerer Raum, von dem aus wir Zeremonien gestalten können, immer existieren. Wir müssen nur eins damit werden, uns den kurzzeitigen Illusionen des Lebens – den endlosen Ablenkungen, die erfunden wurden, um uns vom Konzentrieren abzuhalten – gewahr werden. Dadurch lassen wir sie verblassen. Schließlich sind wir jetzt diejenigen, die den Dingen ihren Namen geben, nicht Kojote, und es ist unsere heilige Pflicht, die richtige Ordnung in die Welt zu bringen. Die Persönlichkeit als *Trickster* anzusehen hilft uns, seine Possen zu relativieren, um sie beiseite legen zu können, nicht aus Furcht oder Ärger, sondern bewusst und mit Einsicht. Von diesem Blickwinkel aus betrachtet, wird es klar, dass die Persönlichkeit zu unserem Funktionieren in der uns gewohnten und bequemen dreidimensionalen Welt beiträgt; als solches ist sie eine Realität, doch nicht die einzige. Sie ist ein Ausgangspunkt, von dem aus wir agieren und reagieren können, doch nicht der einzige. Wir können auch aus unserem heiligen inneren Raum heraus handeln.

## *Übung 1: Den Ruhepunkt finden*

Der Ruhepunkt ist der heilige Raum, aus dem alle Kreativität hervorgeht und in dem jede Zeremonie gehalten wird. Um zu deinem Ruhepunkt zu gelangen, „sei still und wisse". Je entspannter du bist, desto leichter erreichst du diesen Zustand. Meditation ist ein einfacher Weg, den Ruhepunkt zu erreichen. Eine einfache Form der Meditation ist es, die Hände vor dem Körper in Gebetsposition zu umfassen und den Mittelfinger zu betrachten.[3] Deine Persönlichkeit wird versuchen, sich in dein Bewusstsein zu schleichen und dich auf vielfältige Weise abzulenken; lasse dich nicht ablenken und lasse keine Emotionen, wie beispielsweise Ärger, hochkommen. Schiebe die Gedanken sanft beiseite, während du den *Trickster* auslachst, bis du Stille und Frieden findest. Diese Übung erleichtert den Zugang zum Ruhepunkt, zu deinem heiligen inneren Raum, von dem aus du Zeremonien abhalten kannst.

Dies ist der Raum in dir, in dem sich der Schöpfer befindet, der Altar deines Lebens. Wenn du dich an dieser Quelle der Kraft befindest, dann wird dir klar, dass das wirklich Reale viel subtiler, tiefgründiger und mächtiger ist als jedes dramatische externe Phänomen. Dort bist du die „stille, feine Stimme", eins mit dem Schöpfer – und tatsächlich ein Mitschöpfer.

Oft erwarten wir, dass der Schöpfer, Gott oder eine universelle spirituelle Kraft auf dramatische Art und Weise offensichtlich wäre. Ein Beispiel dafür, dass die heilige Kraft eher subtil als dramatisch ist, gibt es in einem bekannten Bibelvers im 1. Buch der Könige, Kapitel 19, Vers 4-12: Es berichtet, wie Elia, um sein Leben fürchtend, in die Wildnis flüchtet, wo ihm ein Engel Nahrung bringt und ihm mitteilt, die Ankunft des Herrn auf dem Berg Horeb zu erwarten: „Und siehe, der Herr ging vorüber, und ein großer, starker Wind, der die Berge zerriss und die Felsen zerbrach, vor dem Herrn her; der Herr war aber nicht im Winde. Nach dem Winde aber kam ein Erdbeben: aber der Herr war nicht im Erdbeben. Und nach dem Erdbeben kam ein Feuer, aber der Herr war nicht im Feuer. Und nach dem Feuer kam ein stilles, sanftes Sausen..." Dieser Passus betont, wie sich mächtige Kräfte auf feine Art und Weise ausdrücken können. Denke an die Kraft, die der Jahreszeiten-Zyklus auf das instinktive Tierverhalten ausübt. Im arktischen Norden von Amerika sammeln sich beispielsweise die Karibu, die nordamerikanischen Rentiere, beim Geräusch des Windes und wandern in kleinen Scharen Hunderte von Meilen von ihren Überwinterungsplätzen in Richtung ihrer Sommerweiden, wo im Frühjahr alle Kühe ihre Kälber zur gleichen Zeit gebären – 50.000 an einem einzigen Tag. Ähnlich machtvolle und dennoch stille Kräfte sind am Zug, wenn im Frühling ein Blumenfeld blüht oder im Spätherbst/Winter der Frost eine Ernte verkümmern lässt.

Wenn wir vor dem Altar unseres Lebens stehen, in Ehrfurcht vor der Feinheit und Kraft der Natur, befinden wir uns in unserem heiligen inneren Raum. Hier verfügen wir über die Macht, Zeremonien abzuhalten, die uns selbst, andere und die Erde heilen können.

Achte auf die stille, feine Stimme in allem, was du tust. Sie existiert unter all dem Donner, weder überschattet vom Blitz noch gedämpft durch das hellste Sonnenlicht. Sie ist immer da.

*Aus dem Energie-Notizbuch:*
*Ich freunde mich mit Rabbit an*

Vor einigen Jahren erschien es so, als ob alles in meinem Leben
schief ging. Wohin auch immer ich schaute, alles war schlecht.
Alles, was ich tat, schlug fehl. Es war, als ob der *Trickster* Kojote
immer in der Nähe war. Er lehrt immer durch seine Streiche, wobei diese oft harte Lektionen sind. (Zu der Zeit wusste ich nicht,
dass diese Fehler so einprägsam gestaltet waren, damit ich sie
nicht wiederholen und damit mein Überleben in Gefahr bringen
würde.) In dieser Zeit besuchte ich Tallequah in Oklahoma, die
Hauptstadt der Cherokees. Dort traf ich einen Künstler, der in
seinem Schaufenster ein großes, wahrhaft märchenhaftes, aus
Sperrholz und Farbe geschaffenes Abbild von *Rabbit*, dem Kaninchen, dem *Trickster* der Cherokee, ausgestellt hatte. Ich stand wie
angenagelt. Es war, als ob eine stille, feine Stimme zu meiner Seele
sprach. Als ich fragte, ob ich ihn kaufen könne, erzählte er mir
von *Rabbits* Streichen, die er aus Cherokee-Erzählungen kannte.
An einige von ihnen erinnerte ich mich aus meiner Jugend. Wie
Kojote, ist auch *Rabbit* definitiv ein *Trickster*, doch sind *Rabbits*
Streiche behutsamer: In der Regel macht er sich über sich selbst
lustig, wodurch wir unsere Lektionen lernen. Dies ist anders als
die rauen Lektionen von Kojote, über die wir lachen, doch mit
einem Lachen, dass keine Freude, sondern tief empfundenes
Leid ausdrückt. Schließlich sagte der Künstler: „Ich bin mir nicht
sicher, ob du *Rabbit* in deinem Leben haben willst, doch wenn du
es wirklich willst, dann werde ich ihn verkaufen."

Seit jener Zeit habe ich *Rabbit* an einem markanten Ort in meinem Haus stehen. Ich grüße ihn häufig und lache reumütig über die Dinge, die er in mein Leben bringt, manchmal durch persönlichen Kummer und Schmerz. Durch dieses Experiment habe ich gelernt, dass wir, auch wenn wir dem *Trickster* nicht entkommen, uns doch bewusst werden können, dass er kein Feind, sondern ein möglicher Verbündeter ist, der uns unsere Schwächen zeigt und uns zu wachsen hilft. Wir können uns nicht selbst entkommen, weder dem Guten noch dem Schlechten, und je mehr wir ablehnen, was als negativer Aspekt unserer selbst erscheint – was manche das Schatten-Selbst nennen –, desto nachdrücklicher wird es seine Anwesenheit ins Bewusstsein bringen. Dadurch, dass wir uns mit dem *Trickster* anfreunden, ehren wir ihn.

Stalins Rat, unsere Freunde nah und unsere Feinde noch näher bei uns zu halten, lässt sich auf unser Verhältnis zum *Trickster* anwenden. Es ist hilfreich, ihn zum Freund zu machen, ihm zu erlauben, dir zu helfen, zu lachen und dich selbst zu akzeptieren, statt Angst vor dir selbst zu haben. Es ist besser, größere Bewusstheit zu erlangen, als durch Furcht und eine begrenzte Weltsicht eingesperrt zu bleiben.

## Überblick

So findet man seinen heiligen inneren Raum:

- Erkenne, dass deine Gedanken, die Stimmen in deinem Kopf, nicht dein authentisches Selbst sind.
- Lasse dich nicht ablenken oder durch die „Was ist wenn"-Gedanken sowie die „Aber"-Einwände, -Urteile oder -Befürchtungen auf einen anderen Kurs bringen.
- Erkenne deine Persönlichkeit als einen Verbündeten, aber auch als einen *Trickster*, der manchmal ausgetrickst oder überlistet werden muss.
- Übe, deinen Ruhepunkt durch Meditation zu erreichen.

*Internet Schlüsselwörter:*

Tonal, Nagual, Toltekische Lehre; Kojote, *Rabbit*, *Trickster*; Schatten-Selbst (Schatten Psychologie); Meditationstechniken.

# KAPITEL 2

## Heilige Räume in der Natur schaffen

*Die Kraft der Welt bewegt sich immer im Kreis*
*Und alles versucht, rund zu sein.*

BLACK ELK, OGLALA SIOUX, 1863 – 1950

Ebenso wie es unseren heiligen inneren Raum gibt, die Gemütsverfassung, aus der heraus wir Zeremonien gestalten, kann es einen heiligen Raum auch um uns herum geben. Dies ist der Raum, in dem wir Zeremonien abhalten können. Und ebenso wie wir für Zeremonien ein inneres Bezugssystem brauchen – um unser authentisches Selbst von Ego und Persönlichkeit unterscheiden zu können –, so müssen wir ein äußeres Bezugssystem für die Kräfte des Himmels und der Erde haben, damit sie uns bei den Zeremonien helfen können. Das effektivste äußere Bezugssystem ist die Auffassung der Welt als *Medizinrad*: Ein Medizinrad ist nach Tradition der Indianer eine körperliche Manifestation spiritueller Energie und zeigt, wie die Kraft der Welt in Kreisen arbeitet.

## Das Medizinrad der Welt verstehen

Interessanterweise finden heute einige der ältesten Konzepte der Eingeborenen über die Kosmologie wieder Ausdruck in den modernsten Auffassungen darüber, wie das Universum entstanden ist und wie es funktioniert – diese Gedanken bilden die Basis heiliger Zeremonien.

Physiker erzählen uns, dass das Universum rund ist, und wenn wir mit einer Zauberpistole eine Kugel direkt hinaus in das All schießen könnten, würde diese schließlich zu uns zurückkehren. Die Urvölker haben seit Jahrtausenden von Jahren gewusst, dass Energie und Kraft in Kreisen wirkt. Black Elk[1], ein heiliger Mann der Oglala Sioux, drückte dies wortgewandt folgendermaßen aus: „Alle Dinge in der Natur versuchen, rund zu sein, vom kleinsten – dem Nest des Kolibri – bis hin zum mächtigsten – dem Orkan." Die Erde ist rund und die Jahreszeiten sind rund; laut Wissenschaftlern ist das Universum ebenfalls rund. Innerhalb dieses unendlichen runden Universums hat der Schöpfer für uns einen schönen dreidimensionalen Kreis, die Erde, geschaffen, die richtiger als *Mutter Erde* bezeichnet werden könnte, denn sie gibt uns Leben und alle Dinge, mit denen wir leben. Auf Mutter Erde ist alles in der Natur rund, wie sie selbst. Die Jahreszeiten und Tage sind zyklisch, und viele Formen sind rund. Wenn wir dies vergessen, müssen wir nur nach oben schauen und sehen die Sonne, den Mond und die fernen Sterne, die uns alle rund erscheinen. Ebenso ist das Leben eines Menschen zyklisch, von des Babys „Lebensmorgen" und der Jugend „Lebensmittag" hin zu des Erwachsenen „Lebensabend" und „-nacht" vor dem Schlaf und dem Wiedererwachen. Somit neigt alles in der Natur dazu, sich durch zyklische Kräfte zu bewegen und runde Formen zu bilden, ebenso wie alles im sogenannten *Heiligen Lebensring* oder *Medizinrad* der Welt miteinander verbunden ist.

Abgesehen von den zyklischen Kräften und runden Formen der Natur haben alle Dinge auf dieser Mutter Erde ihre eigene, ihnen innewohnende Kraft, ihre eigene „Medizin", die gut oder schlecht sein kann, je nachdem wie sie in jedem Augenblick ausgedrückt wird. Ebenso wie das weiße Licht eines Kristalls verschiedene Farben beinhaltet, die bei seiner Bewegung sichtbar werden, haben alle Dinge ihre eigene „Medizin" oder Energie; diese lässt ihnen eine bestimmte Wirkung zukommen und ist eine „Farbe" des Schöpfers weißen Lichtes. Wenn wir Zeremonien zelebrieren, wollen wir gute Medizin – in Cherokee „nvwati" genannt – aktivieren, weshalb wir das *Medizinrad der Welt* als Bezugssystem innerhalb der materiellen Ebene, in der wir leben, erschaffen.

Um einen heiligen Raum zu finden und heilige Orte für Zeremonien schaffen zu können, müssen wir die „Sprache" der Welt verstehen, den Ursprung der Energie, die die Welt umfasst, wie sie sich als Form manifestiert und wie sie in der Zeremonie verwendet werden kann. Im Anfang schuf der Schöpfer einen einzigen runden Punkt, der das Potenzial für alle Dinge enthielt. Die Schöpfung dieses Punktes hatte auch die Bewegung zur Folge, die der Fluss der Schöpfung genannt wird. Alle Dinge besitzen die potenziellen Qualitäten von Bewegung oder Ruhe, wie beispielsweise das Herz.

Da der einzelne Punkt in sich und um sich herum das Potenzial für alle Dinge enthielt, existierte er multidimensional. Zweidimensional gesehen, war dieser Punkt ein Kreis; und von der Seite gesehen eine gerade Linie; und mit der hinzugefügten Qualität der Bewegung bildet er eine Spirale. Die Spirale, die bei zweidimensionaler Betrachtung als Welle erscheint, beinhaltet in sich die Qualitäten von Bewegung und Stasis, Polarität (männliche und weibliche Energien) und Frequenz (wie alle Teile des elektromagnetischen Spektrums).

Um zu verstehen, wie sich die allumfassende Energie gegenseitig beeinflusst, müssen wir erkennen, dass wir alle Energie-Oszillatoren sind, ob wir uns dessen bewusst sind oder nicht. Angetrieben von dem riesigen Oszillator in unserer Brust, unserem Herzen, das wie ein Pendel Energie hinein- und durch unsere Körper hinauspumpt, senden unsere Chakras (Sanskrit für „Lichträder") beständig Energie aus, die Informationen bezüglich unserer Gesundheit, unserer Gedanken und unserer Gefühle durch verschiedene Dimensionen von Zeit und Raum übermitteln. Zweimal, wenn das Herz völlig gedehnt und wenn es völlig geschlossen ist, gibt es eine Mikromillisekunde, in der absolute Ruhe oder Stasis herrscht und in der es mit allem verbunden ist – alles ist Bewegung und Ruhe. So, wie wir beständig Energie in das Universum hinaussenden, erhalten wir laufend Energie und können somit von unserer Umgebung beeinflusst werden, entweder unbewusst, wie etwa durch eine Menschenmenge oder ein bestimmtes Zimmer, oder bewusst, wie etwa durch das Meditieren oder indem wir eine Trommel verwenden, um Geistführer und Geister herbeizurufen.

Unsere Psyche ist wie ein Radio. Wir können den Zeiger willkürlich rotieren lassen und uns unsere Gedanken und Gefühle somit von unserer Umgebung vorschreiben lassen, oder wir können uns bewusst ein- oder ausstimmen, je nachdem welche Einflüsse wir fühlen. Ebenso wie wir unter den vielleicht tausend ausgestrahlten Frequenzen im Radio bestimmte auswählen, können wir aussuchen, welchen Energien wir erlauben, uns zu beeinflussen, indem wir uns der Bandbreite und möglichen Formen der um uns herum projizierten Energie gewahr werden und lernen, einige Formen herauszufiltern und andere zu verstärken.

●

Punkt

Eindimensionale Schöpfung

Von einer Dimension, einem Punkt, kam die Schöpfung; von zwei Dimensionen, Polarität, kamen der Kreis, die gerade Linie, die Spirale und die Welle, die sich in drei und mehr Dimensionen ausdehnen. Dies ist die Basis für alle Dinge in der Welt; für das, was wirklich real ist und für die Realität der Natur, von ihrem Ursprungspunkt, und erklärt damit den Fluss der Schöpfung (von einem zu vielen; die Schöpfung selbst fortlaufend). Die Gestalten, Formen und Kräfte – die Baublöcke der heiligen Geometrie – bilden das Herz jeglicher Heilungsmedizin and heiliger Zeremonien. Diese Gestalten und Kräfte umfassen das Medizinrad der Welt.

Kreis

Zweidimensionale Polarität

Linie ————————

Von der Seite betrachteter Kreis

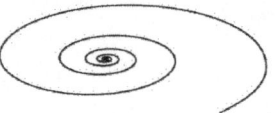

Spirale

Drei und mehr Dimensionen

Wellen

Von der Seite betrachtete Spirale

## Weitere Spektren der Welt wahrnehmen

Damit wir uns des gesamten Spektrums der Energien um uns herum bewusster werden können, müssen wir lernen, über das hinauszugehen, was mit den körperlichen Sinnen wahrgenommen werden kann. Wenn wir uns entscheiden, nur mit unseren physischen Augen zu sehen und mit unseren physischen Ohren zu hören, verpassen wir das meiste von dem, was wir wahrnehmen könnten und was die Welt zu bieten hat. Öffnen wir jedoch unsere Augen gegenüber der „nicht-gewöhnlichen" Realität und nehmen weitere Spektren wahr, entwickeln wir die Fähigkeit, heilige Stätten zu finden und Zeremonien abhalten zu können, wo auch immer wir sind.

Hierzu müssen wir erkennen, dass alles das, was wir um uns herum in der materiellen Welt sehen, nur ein kleiner Teil dessen ist, was tatsächlich existiert. Aus einer weiter gefassten Perspektive betrachtet, existieren alle Dinge in und stammen aus einer unsichtbaren Ordnung des Universums, die der Physiker David Bohm die „implizite Ordnung" nennt; im Vergleich dazu steht die „explizite Ordnung" der materiellen Welt um uns herum.[2] Um dieses Prinzip zu veranschaulichen, benutzt Bohm das Beispiel von der Tinte, die in einen Becher herumwirbelndes Wasser getropft wird. Während die Tinte verdünnt wird, wird sie eine Linie bilden, die die explizite Ordnung darstellt, welche verschwinden wird. Wird das Wasser dann in die entgegengesetzte Richtung gewirbelt, wird die Tinte wieder erscheinen und zu ihrer ursprünglichen Position zurückkehren, indem sie die gleichen Bewegungen umgekehrt verfolgt und damit beispielhaft die implizite Ordnung zeigt. Dies veranschaulicht, wie sich alle Dinge vom Potenzial her entlang bereits existierender Linien entwickeln und sich in der Zeit rückwärts oder vorwärts formen und auflösen können. Was wirklich real ist, ist dieses Potenzial, die implizite Ordnung; was sich manifestiert hat, ist die explizite Ordnung. Wenn wir Zeremonien abhalten, wollen wir uns mit der impliziten Ordnung verbinden, um entlang der „Linien" unserer Absicht Ergebnisse hervorzurufen, die in der expliziten Ordnung auftreten.

## Die Konsens-Realität aufdecken

Um zwischen den expliziten und impliziten Ordnungen unterscheiden zu können, müssen wir zunächst verstehen, dass die Welt, in der wir zu leben meinen – die Welt, wie wir sie wahrnehmen – nicht die reale Welt, sondern die Konsens-Realität ist, die wir mit anderen teilen. Die Welt scheint beispielsweise eine flache Oberfläche zu sein, und doch wissen wir, dass sie rund ist, weil es uns so erzählt worden ist und wir Bilder aus dem All gesehen haben. Wir halten die Welt für einen unveränderlichen Ort, doch tatsächlich dreht sie sich in einem Tempo von Tausenden von Kilometern pro Stunde. Auch denken wir, dass diese Welt unbeweglich ist, dabei umkreist sie die Sonne in einem Tempo von Tausenden von Kilometern pro Stunde, ebenso wie das von uns „Milchstraße" genannte Sternsystem – und wenn es nicht die Schwerkraft gäbe, würden wir in das Universum hinausgeschleudert werden.

Darüber hinaus denken wir, dass unsere Welt aus fester Substanz besteht, doch tatsächlich setzt sich jedes Objekt aus mehr Raum als materieller Substanz zusammen. Die Entfernung zwischen dem Kern eines Atoms und seinen umkreisenden Elektronen entspricht jener der Erde zur Sonne. Die Materie selbst ist nicht sehr substanziell. Im Grunde, so sagen Wissenschaftler, ist Materie weder Substanz noch Energiewellen, sondern hat Qualitäten von beiden, die so schnell wie ein Augenzwinkern erscheinen und sich auflösen. Manche nennen Materie einfach „gefrorenes Licht" oder Licht auf einem sehr niedrigen Vibrationslevel. Somit sind die „Dinge", die wir um uns herum sehen – Steine, Pflanzen, Tiere, Menschen – tatsächlich alle Energiemuster.

Nicht nur die Realität ist nicht das, was wir als real wahrnehmen, auch unsere körperlichen Wahrnehmungsfähigkeiten sind sehr begrenzt. Unsere Augen sehen nur ein winziges Scheibchen des elektromagnetischen Spektrums, und selbst dann nehmen sie nur Reflexionen wahr. Unsere Augen registrieren zum Beispiel eine Orange als orange, weil orangefarbenes Licht von der Frucht reflektiert, statt absorbiert wird. Dieses reflektierte Licht ist es, was unsere Augen erreicht und durch visuelle Rezeptoren gefiltert wird, bevor es den Sehnerv erreicht und seine subjektive Interpretation durch das Gehirn stattfindet. Wer schon einmal über „optische Illusionen" gestaunt hat, weiß, dass das, was wir mit den Augen wahrnehmen, verwirrenderweise das Gegenteil von dem sein kann, was das Gehirn erkennt.

Ähnlich nehmen unsere Ohren nur einen winzigen Teil der Schwingungen in unserer Mitte auf, während zum Beispiel Fledermäuse höhere Frequenzen hören; unsere Nasen sind nicht so sensibel wie die von Hunden und unser Tastsinn ist nicht so hoch entwickelt wie jener der Ameisen mit ihren Antennen. Und doch bestehen wir darauf, dass nur solche Dinge existieren, die gesehen, berührt, gehört oder gerochen werden können, und dann nur so, wie wir sie sehen, fühlen, hören oder riechen – dass nichts anderes real ist.

## Begrenzungen der Statistik und Wahrscheinlichkeit

Neben der Tatsache, dass die Konsens-Realität, von der wir abhängen, aufgrund unserer begrenzten physischen Sinnesfähigkeit und Wahrnehmung grundsätzlich fehlerhaft ist, begründen wir unsere Sicht der Welt und wie sie funktioniert häufig auf Statistiken und Wahrscheinlichkeiten. Doch die Verwendung von Statistiken ist der einfachste Weg zu lügen, da Statistiken das messen, was in der Vergangenheit geschehen ist, und dies nur in einem begrenzten Rahmen; sie beziehen nicht ein, was in der Gegenwart geschieht oder sagen vorher, was in der Zukunft geschehen wird. Die Wahrscheinlichkeit ist also voller Fehler. Wenn man beispielsweise eine Münze wirft, so scheint die Wahrscheinlichkeit, dass sie auf Kopf oder Zahl landet, 50:50 zu sein, aber die Münze könnte auch auf ihrem Rand landen. Was, wenn sie dies zweimal hintereinander tut? Dieser Zufallsfaktor wird dann ausgeschlossen. Die Rahmenbedingungen intervenieren.

Politiker, Journalisten und Ökonomen benutzen ständig solche „Lügen" der Statistik. Wenn beispielsweise der Aktienmarkt in den vergangenen drei Monaten stetig gesunken ist und ein Politiker den Amtsinhaber in ein schlechtes Licht setzen will, kann er Statistiken für die Erstellung eines Säulendiagramms benutzen, um zu zeigen, dass der Aktienmarkt, sagen wir, während der vergangenen drei Monate um 30% gesunken ist. Wenn der Rahmen jedoch ein Jahr wäre, könnte es sein, dass der Aktienmarkt statt 30% niedriger tatsächlich 50% höher als vor einem Jahr dasteht und die 30% Rückgang in Wirklichkeit nur einen geringen „Abwärtsknick" auf der Grafik darstellen. Und wenn der Rahmen auf zwanzig Jahre erweitert wird, würde die Säulengraphik nur einen Aufwärtstrend zeigen, vielleicht doppelt oder dreifach die Werte der Vergangenheit.

Ebenso könnte jederzeit etwas passieren, das einen Zusammensturz des Aktienmarkts auslöst und damit alle Statistiken und Wahrscheinlichkeiten bedeutungslos macht, so wie etwa die „Große Depression". Statistiken und Wahrscheinlichkeiten können auch durch Beobachtung und Erwartung beeinflusst werden. Physiker sagen, dass wann immer ein Objekt beobachtet wird, verändert eben diese Handlung des Beobachtens die Qualität und das Verhalten des Objektes. Wenn wir erwarten, dass etwas geschieht, selbst wenn wir die Hoffnung ausdrücken, dass es nicht geschieht – wie beispielsweise dadurch, dass wir sagen „Ich hoffe, dass es nicht passiert", so steigert unser Energieeinsatz in Bezug auf dieses Ereignis die Möglichkeit, dass es stattfinden wird.

## Die schwankende Natur des Wertes

Letztendlich ist es unser Glaubenssystem, das bestimmten Phänomenen Wert beimisst. Volkswirtschaften bauen auf dem auf, was Menschen über ihren persönlichen Status und den Zustand der Welt glauben. In den meisten Teilen der Welt basiert das Wertkonzept auf Geld und ist darüber hinaus an den US-Dollar gebunden. Der Dollar wird derzeitig in ziemlich großem Maße von den Chinesen gestützt, die ihren Yuan danach festgesetzt haben und riesige Summen US-Dollar halten. Doch dies könnte sich sehr schnell ändern, wenn die Chinesen beschließen würden, dass der Dollar keinen Wert mehr hat und alles fallen ließen, um Gold zu kaufen. Daraufhin könnten dann Investoren rund um die Welt plötzlich beschließen, dass die Chinesen recht hätten und ihre Dollars in großen Mengen auf den Markt werfen, um Gold zu kaufen. Versicherungen und Rentenfonds könnten beschließen, dass sie besser auf „Nummer Sicher" gehen und ihre Dollar für Gold ausgeben; und die Zentralbanken und Regierungen, ungeachtet dessen wie viel sie protestierten, wären gezwungen, ihre Dollars billig für Gold abzustoßen – ansonsten würden sie letztlich nur noch wertlose Papiere halten. Trotz der offiziellen Haltung der Weltregierungen würde somit Gold plötzlich zum Maßstab. Alles von Wert, das auf Geld basiert, würde abgewertet, und wir müssten zu einem anderen Wert als Rahmenbedingung für den Austausch von Arbeit oder Waren zurückkehren, wie etwa Hühner.

Die Welt, wie wir sie wahrnehmen, wird durch das geschaffen, wohin wir unsere Aufmerksamkeit richten; und Politiker, die unsere Aufmerksamkeit auf materielle Dinge richten wollen, manipulieren religiöse und spirituelle Prinzipien, um diese materiellen Ziele zu unterstützen. Darüber hinaus ist Wohlstand von denen definiert, die ihn haben; und diese Menschen stellen ihren eigenen Status sicher, indem sie die Knappheit unter den anderen fördern, die wiederum das System unterstützen, weil sie den Status wollen. Diese vom Menschen geschaffene Sicht der Welt, die auf Knappheit und Bedarf basiert, ist nicht die reale Welt.

Werbung dient ebenfalls dazu, die Konsens-Realität zu gestalten und Wertvorstellungen durch Assoziation und Symbolik zu verstärken. Das ist der Grund, warum Produktanzeigen glückliche, gesunde, erfolgreiche, selbstsichere Menschen mit geregeltem Leben besonders herausstellen. Wenn in Anzeigen Limonade trinkende Menschen gesund, selbstbewusst und strahlend mit glücklichen Kindern erscheinen, dann werden Menschen Limonade kaufen wollen, damit sie ebenfalls gesund, selbstbewusst und strahlend sein können, mit Kindern, die nicht quengeln und nie schmutzig werden. Reklamespots für Formschön-Haarshampoo, die attraktive Frauen in der Dusche präsentieren, implizieren, dass Menschen, die dieses Produkt kaufen, ebenfalls sinnliche Erfahrungen genießen können. Während unser rationaler Verstand weiß, dass derartige Schlussfolgerungen lächerlich sind, wird unser emotionales Ich häufig von den falschen Versprechungen und idealisierten Bildern angezogen. Was solche Werbeagenturen verkaufen, ist nicht Seife, sondern Träume; und ironischerweise wollen sie uns von außen Qualitäten verkaufen, die wir potenziell bereits in uns tragen: Glück, Selbstbewusstsein oder Sinnlichkeit.

Wenn wir aufhören, die Erfüllung unserer angeblichen Defizite (Knappheit und Bedarf) außerhalb unserer selbst zu suchen und anerkennen, was wir bereits haben – etwa die Fülle des Lebens und der Liebe um uns herum –, dann wird der Reiz der Knappheit verblassen, gemeinsam mit dem Bedarf von Limonade oder Formschön-Haarshampoo.

Diese auf die Menschen ausgerichtete Welt ist die einzige, auf die wir uns konzentrieren, auf die wir reagieren, in der wir leben, aber sie ist nicht wirklich real. Es ist eine illusorische Realität. Ihre Physik, die Geometrie, ist chaotisch, begrenzt, künstlich und hat keine wesentliche Struktur dahinter. Es ist das *Tonal*, welches *Nagal*, die Möglichkeiten für Wunder, das Unerklärbare, nicht als eine Konstante anerkennt. Diese illusorische Realität ist vorhersehbar, bequem und falsch; doch nur wenige Dinge sind wahrlich vorhersehbar, bequem oder andauernd; die einzige Konstante ist der Wechsel.

Wenn wir unsere Realität an der Außenwelt und an dem, was andere uns erzählen, festmachen, werden wir so gebrochen, unzusammenhängend und in uns geteilt sein, wie diese auf die Menschen ausgerichtete Welt und das, was uns als Realität verkauft wird. Wenn wir unsere Welt auf der Natur basieren lassen, dann sind das wirklich Reale ihre Prozesse, ihre Geometrie und ihre Kräfte, mit uns selbst im Zentrum dieses Medizinrads der Welt, innerhalb des heiligen Lebensringes, ein integraler Teil davon und eins damit. Dann sind wir ganz und vollständig. Wir finden unseren heiligen Raum in uns selbst und in unserer Welt.

Realität ist nicht das, was wir denken, auch wenn wir es so verstehen. Was und wie wir wahrnehmen, formt, gestaltet und entwickelt sich zu unserer Realität. Dieser heilige Kreis der Wahrnehmung und des daraufhin folgenden Handelns ist es, durch den wir heilige Stätten finden und erhalten; Stätten, in denen wir eins mit der Natur sind. Während der Schöpfer Fülle schafft, schaffen Menschen Knappheit, in der Angst, dass nur vom Menschen gemachte Dinge unsere Träume erfüllen können. Glücklicherweise können wir das grenzenlose Potenzial der Fülle anzapfen, sobald wir erkennen, dass die in der Konsens-Realität vermittelte Kraft, die explizite Ordnung, illusorisch ist. Es ist einfach, uns in dieser illusorischen Welt zu verlieren und zu vergessen, wer wir sind und was real ist. Die einzige wahre Kraft, die des Schöpfers, wird durch unsichtbare Kräfte der impliziten Ordnung vermittelt, wie etwa durch das Medizinrad der Welt. Durch Zeremonien bietet es alles, was wir uns wünschen könnten, und wenn wir es annehmen, hilft es uns, innere und äußere heilige Räume zu schaffen.

## Die Kraft des Medizinrads nutzen

Die heutige Welt verfügt über übermäßig viel negative Energie, der ständige Paukenschlag des Krieges und Terrors hämmert wie eine riesige Faust, die das Gewebe der Erdsubstanz dehnt. Wir können diese Situation ändern, indem wir das Medizinrad der wirklich realen Welt erkennen und auf seine Kraft zugreifen. Du trägst das Medizinrad der Welt mit dir, wohin du auch gehst. Es umgibt dich, ob du es erkennst oder nicht, denn du bist das Medizinrad, der Mittelpunkt, von dem alle Himmelsrichtungen ausgehen. Du bist eins mit dem Universum, und deine Seele ist sein Mittelpunkt.

Auch wenn sie verschiedene Namen dafür verwenden, so haben die meisten eingeborenen Kulturen die Kraft des Kreises, des Medizinrads der Welt, erkannt. Seine Form kann an uralten Zeremonienstätten in Amerika, in Kivas (Zeremonienräumen) der Indianer im Südwesten Amerikas, und in den uralten, über jeden Kontinent verstreuten Megalith-Steinkreisen gefunden werden. Sie erscheint auch in alten chinesischen Mandalas des Buddha-Landes, die auf verschiedene Arten die fünf Elemente (Holz, Feuer, Erde, Metall und Wasser)[3] darstellen. Die Chinesen benutzten zusätzlich ein Pagua, ein achtseitiges Medizinrad, das die vier Himmelsrichtungen sowie die zwischen ihnen liegenden – Südost, Südwest, Nordwest, Nordost – als meditativen Weg zur Erleuchtung repräsentiert.

Das wahrscheinlich berühmteste Medizinrad auf Erden ist der Megalith-Steinkreis von Stonehenge auf der Salisbury-Ebene in England. Wissenschaftler nennen ihn einen alten Kalender, da seine Steine unter Berücksichtigung der Jahreszeiten nach astronomischen Körpern ausgerichtet sind.

Gewisse Formen können auch als Repräsentanten von Zeit und Ereignissen verstanden werden. Ein Kreis drückt die Lebenszyklen aus. Wenn das Element der Zeit zu einem Kreis hinzugefügt wird, wird er zu einer Spirale. Ereignisse werden als Punkte im Kreis gesehen, durch den beständigen, unendlichen Fluss der Schöpfung – die Absicht des Schöpfers – vorwärts getrieben. Der verstorbene Ian Xel Lungold, Schöpfer des Umwandlungskodex für den Maya-

Kalender, erläuterte, wie der in den Maya-Pyramiden dargestellte Kreis mit geraden Linien Zeit, Raum und Ereignisse beschreibt.[4]

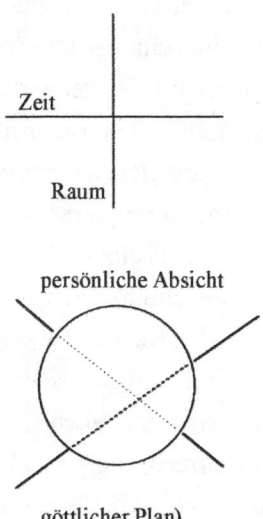

In diesen kreisförmigen Konfigurationen bestimmt der Ort, von dem aus das Universum betrachtet wird, wie Zeit und Raum definiert sind, während Alternativen als „nicht real" ausgeschlossen werden. Der westliche Gregorianische Kalender basiert beispielsweise rein auf der physikalischen Welt – die aus der westlichen Perspektive betrachtete Welt, die nur greifbare Ereignisse als real ansieht. Wenn man ein Koordinatenkreuz zeichnet, dessen senkrechte Achse die Zeit und dessen horizontale Achse den Raum darstellen, hätte man einen Kalender wie den unsrigen, der bestimmte Daten rund um den Globus genau aufzeigt. Im Gegensatz dazu sahen die Mayas die physikalische Realität nicht als so bedeutsam an wie den Geist und das Schicksal von Individuen im System des Göttlichen Plans. Sie nahmen eine Welt wahr, in der die physikalische Realität ein Schatten des Geistes war – eine Perspektive, die sich in ihrem Kalender widerspiegelt. Wenn wir das Zeit/Raum-Koordinatenkreuz unseres modernen Kalenders nehmen und es in einen Kreis stellen (der eine dreidimensionale Kugel darstellt), dann eine Linie (persönliche Absicht/Persönlichkeit) von einer Seite aus und eine andere (göttlicher Plan) von einem anderen Winkel aus durchziehen, dann haben wir einen genaueren dreidimensionalen Kalender (ein Medizinrad). Dieses kann als Rahmen der Welt dienen, der es uns erlaubt, überall und zu jeder Zeit eine Zeremonie abzuhalten.

Je mehr wir von der Heiligen Geometrie kennen lernen, desto besser können wir diese Welt, in der wir leben, verstehen.[5] Und das Konzept eines Medizinrads der Welt gibt uns ein Werkzeug dafür, unseren heiligen inneren Raum mit dem äußeren heiligen Raum zu koordinieren, um die gute Medizin aller Dinge zum Zwecke der Heilung hervorzurufen.

## *Übung 2:*
## *Die Mächte der Himmelsrichtungen begrüßen*

Im Zentrum unseres Medizinrads der Welt, das uns umrundet und so weit reicht, wie das Auge sehen kann, finden wir Gleichgewicht, Frieden und Kraft. Die Diné (das Volk der Navajo) haben einen treffenden Ausdruck für diesen Zustand – in der Schönheit wandeln. Wenn wir uns im Zentrum befinden und in der Schönheit wandeln, rufen wir die vier Richtungen, die vier Harmonien an, die in Cherokee *unoli* (gesprochen: junouli), wörtlich „Winde", genannt werden. Sie sind starke Mächte. In der folgenden Übung kannst du das Zentrum deines Medizinrads erfahren: Während du die Weltenergien durch das Anerkennen und Ehren der vier Richtungen begrüßt, erlangst du die Kraft für das Abhalten von Zeremonien.

Stehe an einem Ort mit Ausblick oder zumindest einem Gefühl von Weite. Beginne im Osten und drehe dich nacheinander in jede der Himmelsrichtungen; dabei erkenne jeweils ihre Bedeutung an, ehre sie, wie in der untenstehenden Beschreibung angeführt, und lade ihre Kraft in dein Medizinrad ein.

## Osten: Augen öffnen, im Hier und Jetzt sein

Jeder Tag ist anders als der andere; wenn morgens die Sonne aufgeht, bringt der Tag einen neuen Anfang, ein Versprechen von Möglichkeiten. Innerhalb jeden Tages ist jeder Moment einzigartig und bedeutsam. In den Worten eines Sanskrit-Gedichtes: Gestern ist nur eine Erinnerung, morgen ist nur ein Traum. Die einzige Zeit, die etwas bedeutet, ist das Jetzt. Alles Gepäck der Vergangenheit muss fallen gelassen werden, damit wir wahrhaftig die Gegenwart erfahren können. Wenn wir uns an Ereignisse der Vergangenheit erinnern oder über die Zukunft nachdenken, können wir die Kraft des Augenblicks, des Anwesend-Seins, nicht empfangen. Diese *unoli* ist rot, eine ursprüngliche Kraft. Lade diese *unoli* in dein

Medizinrad ein und nimm ihr Geschenk an. Danke dieser *unoli* dafür, dass sie anwesend ist.

### Süden: Kraft, Einheit, Heilung anerkennen

Wenn die Sonne am höchsten steht, fühlen wir ihre Kraft. Dies ist die Zeit der Stärke, Schönheit, Kraft und Heilung. Stelle dir ein grünes Kornfeld vor, das unter der goldenen Sonne wächst, die hoch oben am tiefblauen Himmel steht. Das Korn knackt beim Wachsen, während es sich nach dem goldenen Licht streckt, um Erfüllung und Einheit zu finden. Gleichzeitig wachsen seine Wurzeln tief in die Erde, halten es erdgebunden, während es Nahrung und Wasser aus der Mutter Erde zieht. Wir sind das Korn, das nach höherer Kraft, Heilung und Einheit strebt. Indem wir unsere Energien und Gebete hineingeben, erhalten wir sein goldenes Licht, seine Heilung und Vollständigkeit. Im Gegenzug bringen wir unsere Gebete, unsere gesprochenen Gedanken für andere und unsere Dankbarkeit dar. Die Farbe dieser *unoli* ist gold, ein Licht jenseits unserer Reichweite. Lade diese *unoli* in dein Medizinrad ein und vereinige dich mit ihr, fühle ihren wärmenden Einfluss, der dich ganz macht. Danke dieser *unoli* dafür, dass sie anwesend ist.

### Westen: Sonnenuntergang, Innenschau, In-sich-gehen

Wenn die Sonne untergeht, wird die Erde in die Dunkelheit geworfen, die es uns schwer macht, unseren Weg zu finden. Wir stolpern herum, blind und unwissend, so als ob wir in der „dunklen Nacht der Seele" gefangen sind. Wir neigen dazu, diese Dunkelheit in uns selbst und anderen abzulehnen, blind mitzulaufen, uns verloren und allein zu fühlen, mit Fragen, aber keinen Antworten. Doch diese Dunkelheit ist lebenswichtig für uns und für unsere Welt, denn ohne sie könnten wir kein Licht haben. Licht und Dunkelheit sind eins für den Schöpfer, der sie schuf. So müssen wir schauen wie der Schöpfer, indem wir nach innen auf den schöpferischen Funken blicken, der unseren Weg in der Außenwelt erleuchten kann. Wir können uns nicht von äußeren Dingen abhängig machen, sondern müssen so gehen, wie uns der Schöpfer führt, von innen heraus. Diese *unoli* ist schwarz und kommt in vielen Formen. Lade diese *unoli* in dein Medizinrad ein und vereinige dich mit ihr, fühle, wie sie dich drängt, nach innen zu schauen. Danke dieser *unoli* dafür, dass sie anwesend ist.

*Norden: Sich öffnen zum kalten, weißen Licht, zur höheren Kraft, zu den Vorfahren, zur Weisheit.*

In der dunkelsten Nacht drehen sich die Sterne über unseren Köpfen und scheinen hell, während unsere Träume unseren Seelen Landschaften verleihen. Diese Richtung spiegelt höhere Weisheit wider, das weiße Licht der Wahrheit, die Welten außerhalb unserer Welten, aus denen wir kommen und wohin wir gehen werden, wo unsere Vorfahren weilen und wo die Kinder herkommen werden, die Quelle des Lichtes, des Seins. Manchmal ist das weiße Licht der Wahrheit zu groß, als dass unsere menschlichen Augen es ertragen könnten; es macht uns blind und lässt uns in der Ablehnung leben. Wir öffnen unsere Herzen und unseren Verstand und offenbaren unseren Seelen diese Macht. Wir haben Mitgefühl mit uns selbst, so dass wir lernen, auf ehrliche, liebevolle Weise mit allen Wesen zu leben, wissend, dass wir eins mit ihnen sind und unseren Schritten erlauben, von denen geleitet zu werden, die vor uns gegangen sind und von denen, die noch kommen werden. Wir erkennen, dass das, was wir wissen und wer wir sind, sehr wenig und unvollständig ist. Wir erlauben uns in Demut, uns so weit gegenüber der Wahrheit zu öffnen, wie wir aushalten können, um auf unserem Weg voranzukommen. Die Farbe dieser *unoli* ist ein derart helles Weiß, dass wir nur ihren Schatten in dieser Welt sehen können, ein Regenbogen vieler Farben. Lade diese *unoli* in dein Medizinrad ein und vereinige dich mit ihr, erlaube ihr, dir Einsichten, Verständnis und Führung zu geben. Danke dieser *unoli* dafür, dass sie anwesend ist.

## *Übung 3: Durch Weissagung mit den Reichen der Realität Kontakt aufnehmen.*

Weissagung ist eine Jahrhunderte alte Praxis, die funktioniert, weil jeder Verstand in sich selbst einen Ruhepunkt hat, an dem die Vergangenheit, die Gegenwart und die Zukunft gleichzeitig existieren. Infolge der heiligen Geometrie der Zeit, dargestellt als Kreis mit sich kreuzenden Linien, befinden wir uns in einem Fluss, der mit allen Dingen geteilt wird. Normalerweise leiten wir die Bedeutung der Gegenwart aus der Vergangenheit ab, und das färbt unseren Blick auf die Zukunft. Doch Vergangenheit und Zukunft sind nur mentale Konstrukte, die wir verwenden, um im Zusammenhang mit anderen zu funktionieren, indem wir uns darüber einigen, was die Gegenwart war, die Vergangenheit und was die Zukunft ist. Im täglichen Leben nutzen wir die Gegenwart einfach dazu, die Aktivität der Vergangenheit zu verstehen, in einem Versuch, Ordnung und vorhersehbare Resultate für die Zukunft hineinzubringen. Wir befinden uns immer in unserem Ruhepunkt, doch unser rationaler Verstand, unser Ego, will diesen Ruhepunkt nicht akzeptieren, denn der Verstand würde dann keine Funktion erfüllen. Das Verwenden von Praktiken der Weissagung ist ein guter Weg, um ein größeres inneres Wissen über diese Konzepte zu erlangen.

Um verschiedene Bereiche der Wirklichkeit mit Hilfe von Weissagung verbinden zu können, musst du zunächst deinen heiligen inneren Raum finden, den Ruhepunkt. Dann verbinde dich durch verschiedene Hilfsmittel mit der impliziten Ordnung, von der alles in der expliziten Ordnung abstammt. Sowohl Tarot-Karten als auch Runen und das I Ching können bei der Kontaktaufnahme mit Dingen der impliziten wie der expliziten Ordnung Hilfestellung leisten. Theoretisch kann alles für die Weissagung verwendet werden, selbst der Inhalt einer Tasche oder Geldbörse. Alles, was dazu benötigt wird, ist:

- ein bestimmtes festes Raster der bewussten Wahrnehmung
- Gegenstände mit festgelegten, vereinbarten Bedeutungen
- der Zufallsfaktor

Wenn du die Tarot-Karten verwendest, um die Vergangenheit, Gegenwart und Zukunft zu lesen, beginne mit dem Definieren deiner Absicht. Lege dann die Karten – jede mit einer genauen Bedeutung –, in der folgenden Reihenfolge: Links die Vergangenheit, in der Mitte die Gegenwart, rechts die Zukunft. Mit geschlossenen Augen und klarer Geistesverfassung, aus deinem inneren Ruhepunkt heraus, mische die Karten, ziehe drei von ihnen und decke sie wie beschrieben auf. Die Karten werden eine Bedeutung haben, die mit dem Kontext deiner Absicht zusammenhängt. Wenn du mit Runen arbeitest, schüttele zum Mischen den Sack mit den Steinen, ziehe dann aus deinem Ruhepunkt heraus drei beliebige Runen und lege sie wie beschrieben nieder. Die Runen werden vergangene, gegenwärtige und zukünftige Verhältnisse offenlegen. Das I Ching ist etwas schwieriger, weil es mehr Kombinationen gibt, die letztendlich präziser sind, aber deren Interpretation ein gewisses Geschick erfordert.

Das gleiche Prinzip gilt für jedes Set von Objekten, unabhängig davon, wie gewöhnlich sie sind. Wenn du ihnen eine Bedeutung und eine bestimmte Ordnung zuschreibst, sie dann beliebig auswirfst, indem du dich in deinen Handlungen von deinem Ruhepunkt leiten lässt, werden sie dir eine Nachricht für den Augenblick geben.

Wenn du die innere Ruhe entwickelst, das Ego umgehst oder es durch das Konzentrieren auf „Nichtdenken" ablenkst, kann der Rest deines Verstandes die implizite Ordnung wahrnehmen. Dann werden die Ausrichtung des Mondes, der Sonne und der Sterne mit den Planeten, das Ein- und Ausatmen der Erde selbst, der Flug von Vögeln, die Bewegung eines einzelnen Atemzuges, der flüchtige Schatten eines Gedankens alles eins – und die Welt selbst wird zum Instrument der Weissagung.

*Aus dem Energie-Notizbuch:*
*Die Verwendung von Macht respektieren*

Wenn du Zeremonien gestaltest oder irgendeine Form der Energiemedizin für Heilung oder Hilfe anwendest, denke daran, dass du mit den Mächten des Universums, den Kräften des Himmels und der Erde, umgehst. Da du diese enormen Kräfte verkörperst, musst du sie immer respektieren und wissen, wie du mit ihnen umgehen sollst.

Viele Menschen stellen bald fest, dass sich in ihrem äußeren Umfeld Energie auf kraftvolle Weise manifestiert. Sie mögen ihre Computer beim Schreiben verschmoren; in Läden, in denen sie einkaufen, können Gegenstände von Regalen fallen; wenn sie einen Raum betreten, mögen Lampen zu flackern beginnen oder Leuchtbirnen durchbrennen. Manche sind erstaunt und denken: „Was für eine Kraft ich habe!" – und mögen darin sogar Bestärkung finden. Doch solch eine Haltung, das Zeichen eines Neulings der Zunft, ist fehlgeleitet, gedankenlos und gefährlich. „Persönliche Macht" ist nicht persönlich und sollte nicht für prahlerische Zurschaustellungen verwendet werden – schon gar nicht für solche, die sich außer Kontrolle befinden. Stattdessen sollte diese Macht dazu benutzt werden, Energie genau dorthin zu lenken, wo ihre Anwendung angemessen ist.

Energie kommt vom Herzen (nicht vom Verstand), vom Schöpfer (nicht vom Ego) und sie kann nur in ihrer Gesamtheit gesehen werden (nicht in einzelnen Manifestationen).

Vor einigen Jahren rief mich ein junger Mann an und hinterließ die Nachricht auf meinem Anrufbeantworter: „Ich habe beschlossen, dass du mein Lehrer bist." Tage später erschien er vor meiner Tür. Sein Kopf war voll von Vorstellungen über das Wesen von Energiearbeit, und er schien zu denken, dass ich beim Drücken der richtigen Taste „Informationen" wie ein Verkaufsautomat Limonade ausgeben würde, woraufhin er dann glücklich, mit Wissen gefüllt, seines Weges ziehen könnte.

Ich sagte ihm mehrfach, dass Wissen dieser Art seine Zeit brauche und nicht auf intellektuelle Art und Weise, sondern eher durch Erfahrung erworben würde. Ich erklärte, dass Wissen nicht durch die Wiederholung der Gedanken anderer zu finden sei: Man muss die Vorstellungen in Herz und Verstand aufnehmen und danach handeln, bis sie so verinnerlicht sind, dass sie zum eigenen Weg werden. Obwohl ein Lehrer eine Richtung vorgeben kann, lehrt er nicht die Vorstellungen als solche, sondern führt den Schüler dahin, seine eigenen Antworten zu finden.

Ich lud den jungen Mann ein, mit mir an einer Schwitz-Zeremonie (Sweat Lodge) im Bear Lodge teilzunehmen, und sagte ihm, dass die Zeremonie den ganzen Tag andauern würde. Wir leben in einem Gebiet, dass von etwa 50.000 Morgen naturgeschütztem Wald umgeben ist, und die Hütte liegt etwa eine Meile entfernt tief in den Wäldern. Sie kann nur von einem Fahrzeug mit Allradantrieb erreicht werden. Da der junge Mann sehr wissbegierig war und viele Fragen stellte, lud ich meinen Freund Boe Many Knives Glasschild, einen Choctaw-Schamanen, ebenfalls ein. Dieser führt gern lange philosophische Unterhaltungen, und ich dachte, dass er alle Fragen beantworten könnte. Doch als wir an der Hütte angekommen waren und das heilige Feuer errichtet hatten, stellte der junge Mann mehr und mehr Fragen, während Boe völlig stumm blieb und die Erfahrung genoss, wie ich mich drehte und wendete. Ich riet dem jungen Mann mehrfach, einfach zu beobachten, was wir taten, die Energie zu fühlen und sagte, dass wir später darüber sprechen könnten. Er jedoch erzählte weiter von den etwa zweihundert Namen für Gott. Ungeduldig zeigte ich auf das heilige Feuer und sagte: „Alles, was du wissen musst, ist direkt hier!" Und das Feuer antwortete, indem es eine dreieinhalb Meter hohe Stichflamme auflodern ließ. Boe und ich schauten uns nur sprachlos an. Nach einigen Momenten der Stille sagte der junge Mann, mit Augen so groß wie Kaffeetassen, dass er an diesem Nachmittag arbeiten müsse. So fuhr ich ihn zurück zum Haus. Als wir ankamen, sprang er so schnell er konnte aus dem Truck, rannte barfuss zu seinem Auto und raste weg, ohne seine Sandalen mitzunehmen.

Die Lektion war, dass man Energiearbeit nicht mit dem rationalen Verstand verstehen kann. Man muss im wahrsten Sinne des Wortes „ver-rückt" – seinem normalen Zustand ent-rückt sein –, um diese Art von Arbeit zu verrichten. Wenn du versuchst, sie zu rationalisieren, wird dein Verstand so viel Raum einnehmen, dass dein Herz nicht in der Lage sein wird, sich auszudrücken, und deine Seele nicht in der Lage, der Arbeit Bedeutung zu verleihen.

Ein weiterer Hinweis für mich persönlich war, dass das prahlerische Zurschaustellen von Macht ein Versagen der Beherrschung derselben darstellt: In diesem Fall spiegelte meine Ungeduld die Ungeduld des jungen Mannes.

## *Überblick*

Wie man heilige Räume in der Natur schafft.

- Erkenne, dass die Welt ein heiliger Kreis oder ein Medizinrad ist.
- Erkenne, dass du einen Platz im heiligen Weltkreis hast und die Welt reflektiert, was du von ihr denkst.
- Erkenne, dass alles eins ist innerhalb des Medizinrades der Welt.
- Begrüße die Kräfte der Himmelsrichtungen und lerne von ihnen. Sei achtsam und vorsichtig mit dem, was du beschwörst.

*Internet-Schlüsselworte:*

Heilige Geometrie, Medizinrad, Schwitzhütte.

# KAPITEL 3

## Wirksame Zeremonien gestalten

*Der Friedensbaum hat vier weiße Wurzeln,*
*die sich in die vier Ecken der Erde erstrecken.*
*Jeder, der Frieden wünscht,*
*kann den Wurzeln bis zu ihrem Ursprung folgen*
*und findet Schutz unter dem Großen Baum.*

DEGANAWIDA (DER FRIEDENSSTIFTER)

Eine Zeremonie ist das, was geschieht oder gestaltet wird; ein Ritual dient dazu, sie geschehen zu lassen; und die Absicht verwandelt Rituale in Zeremonien. Wenn jemand beispielsweise eine Kirche betritt und die Anwesenheit Gottes spürt, so wird dieses Gefühl nicht durch die Kirchenbänke, die farbig bemalten Fenster oder die Kanzel – also die Hilfsmittel – erzeugt, sondern durch den Geist des Ortes, der durch die Gebete oder die Absicht (Energie) der Menschen geschaffen wurde, die diesen Ort besucht und sich mit dem Göttlichen verbunden haben. Die Hilfsmittel sind vorhanden, um die Menschen daran zu erinnern, warum sie gekommen sind.

Ähnlich ist es, wenn man in einem Gottesdienst Trost, Heilung oder Vergebung erfährt. Dies geschieht nicht aufgrund der Lieder,

Worte, Abläufe von Ereignissen oder Ritualen, sondern aufgrund der Absicht (Energie) der Menschen, die diesen Gottesdienst besuchen und sich öffnen, um Trost, Heilung oder Vergebung zu erfahren oder diese anderen zu geben. Die Rituale vereinfachen nur den Ausdruck und die Akzeptanz dieser Energie.

Bei Hochzeiten spielt es beispielsweise keine Rolle, wie traditionell oder kunstvoll die Kleidung, der Kuchen oder die ausgeführten Rituale sind: Der am längsten verbleibende Eindruck ist nicht der des Hochzeitskleides, des Essens, der Musik oder derjenigen, die den Hochzeitsstrauß gefangen hat, sondern die Absicht, die die Rituale in eine Zeremonie verwandelt. In diesem Fall wäre die Absicht die Liebe, ausgedrückt in der Feier und in dem hoffentlich andauernden unsichtbaren Band des Paares. Tatsächlich ist jede Zeremonie eine Hochzeit – eine Vereinigung der höchsten Absichten von Individuen mit dem Fluss der Schöpfung, um Trost, Heilung, Vergebung, Mitgefühl oder innere Einheit zu erlangen.

## Zeremonien mit den Mächten abhalten

Um Zeremonien mit Hilfe der *Mächte* zu gestalten, musst du zunächst durch Absicht und Ritual deinen heiligen Platz, deine „Kirche", schaffen. Derartige heilige Orte existieren immer in der impliziten Ordnung und müssen in die explizite Ordnung gebracht werden.

Dann können Objekte und Rituale dazu benutzt werden, deine Fähigkeit, das Göttliche in dir und um dich herum anzurühren, zu verstärken und die Absicht auf den Zweck der Zeremonie zu konzentrieren. In modernen christlichen Kirchen geschieht beispielsweise das Anzünden der Kerzen, das Schwenken des Psalter-Weihrauchs und das Singen nicht nur, weil die Kerzen hübsch sind, der Weihrauch süß oder die Lieder schön; es dient auch dazu, die Absicht der Kirchgänger zu einem Punkt zu führen, an dem sie die Anwesenden völlig in den Augenblick bringen kann, offen dafür, das ewige Jetzt zu erfahren, in dem sich die Macht befindet. Während solcher Rituale können die Gläubigen ihren inneren Monolog ruhen lassen, sich mit ihrem Ruhepunkt verbinden und sich auf den heiligen Augenblick konzentrieren, so dass ihr Geisteszustand auf innere Erkenntnis und spirituelle Wahrheit vorbereitet ist. Das Gleiche gilt für den Gebrauch von Gegenständen und Ritualen in vielen anderen religiösen Traditionen, einschließlich des Islams, des Judentums, des Buddhismus und der Indianer. Ebenso sicher wie ein Handwerker einen Stuhl baut, schafft der heilige Mann oder die heilige Frau eine Atmosphäre von spirituellen Möglichkeiten. Das Ergebnis hängt völlig von den einzelnen anwesenden Menschen ab – ihr Glaube, ihre Erwartungen und ihre Absichten.

Für den Suchenden, der über die Beschränkungen hinausgehen will, die durch Erwartungen (vorweggenommene Beurteilungen oder Konsens-Realität) auferlegt werden, ist es wichtig, sich in der völligen Wahrnehmung des Augenblicks zu befinden. Es gilt, das *Tonal* außer Kraft zu setzen und dem Bewusstsein Raum zu schaffen, damit das *Nagual* hervorkommen kann. Diese Offenheit, die es dem Göttlichen erlaubt, durch den „leeren Kanal" des in eine Zeremonie eingetauchten Suchenden Ausdruck zu finden, wird als höchster Ausdruck des *waken* (uah-KAHN – Lakota für „heilig/geheiligt") gesehen. Um „leer" bzw. durchlässig zu werden, damit die Kraft des Schöpfers durchkommen kann, muss man alle Kräfte – Geistführer, Engel, Krafttiere, Göttinnen, Geistwesen – anerkennen und ihnen erlauben, an der Gestaltung von Wundern teilzunehmen. Es ist angemessen, ihnen in Demut gegenüberzutreten, wie klein oder scheinbar unbedeutend diese Kräfte uns auch erscheinen mögen. Es ist diese Haltung der Demut und Offenheit, die hilft, die göttlichen Kräfte in den menschlichen Geist zu bringen und ihnen damit erlaubt, sich auf dieser Ebene zu manifestieren.

Wenn du mit der Essenz einer Sache eins bist und dich nicht mit rationalen Gedanken oder dem Selbstbild, sondern mit der nicht-linearen Auffassung von Zeit und Raum identifizierst, wird Kraft erzeugt: Das *Nagual* wird ein integraler Teil deiner Zeremonie. Wenngleich Medizinleute viele Handlungen vollziehen können, die sich über die Wissenschaft hinwegsetzen, so sind es für sie nicht die Wunder selbst, die zählen; es ist vielmehr der Nutzen, den sie den Menschen bringen und die Tatsache, dass sie nur mit der richtigen Geisteshaltung vollbracht werden können, einer Haltung, in der man eins mit allen Wesen und Dingen wird, in dem, was wir den *Baum des Lebens* nennen mögen.

## Die richtige Geisteshaltung entwickeln

Vor etwa tausend Jahren kam ein Mann namens Deganawida (Der Friedensstifter) zu den Irokesen (auch Haudenosaunee genannt) und lehrte das Volk eine neue Art des Denkens. Obwohl er ein geborener Hurone war, brachte er Frieden zu den Völkern der Mohawk, Oneida, Onondaga, Cayuga und Seneca, indem er das Große Friedensgesetz – oder den Weg der richtigen Geisteshaltung – in dem als Konföderation der Irokesen bekannten Zusammenschluss der Völker lehrte. Diese Konföderation bildete später die Basis der Demokratie, die – wenn auch unvollständig – von den ersten amerikanischen Kolonisten nachgeahmt wurde. Das große Friedensgesetz sieht alle Männer und Frauen als gleichberechtigt innerhalb eines Kreises unter dem Großen Friedensbaum. Die Wurzeln dieses Baumes erstrecken sich in die vier Haupt-Himmelsrichtungen, und seine Zweige tragen einen Adler, der weit in die Zukunft blickt und vor Schwierigkeiten warnt. Dieses Bild spiegelt die Essenz der angemessenen Beziehungen zwischen allen Völkern.

Wenn wir die richtige Geisteshaltung entwickeln, werden wir eins mit dem Lebensbaum und identifizieren uns mit allen Wesen als Blätter dieses Baumes. Unsere Wurzeln reichen tief in alle vier Richtungen in die Erde; unsere Gliedmaßen reichen hinauf in den Himmel, zum Schöpfer; unser Bewusstsein nimmt wie ein Adler alles über und unter uns wahr, sowohl in der Vergangenheit als auch in der Zukunft. Wir sind der Baum und wir sind der Adler, wir sind eins. In diesem heiligen inneren Raum verschmelzen wir mit allem und letztlich auch mit dem Schöpfer.

Verschiedene Kulturen haben ihre eigenen Namen für den Schöpfer oder für den heiligen Raum, in dem ein Mensch eins ist mit dem Schöpfer. Das Sanskrit-Wort für „heiliger Raum" oder „heiliger Altar" ist *yoni*, was auch der Name für die Vagina, die Scheide, den Ort der Geburt ist. Im Alt-Hebräischen besteht der Name für den Schöpfer aus den Initialen der vier Elemente – Feuer, Wasser, Erde und Luft, die Basis aller Dinge auf Erden: IHVH oder Jehova. Unter den Indianern gibt es viele Namen für den Schöpfer, darunter „das große Mysterium", „das Zentrum aller Dinge", „der große Geist" und in Cherokee *u halo tega* (die Quelle aller Kraft), *ona* oder *yowah*. Die Worte *yoni*, Jehova *(ii-oh-vah)*, *ona* und *yowah* besitzen eine verblüffende Ähnlichkeit, wenn sie laut gesprochen werden.

Welchen Namen auch immer du für den von dir gestalteten heiligen Raum benutzt, erkenne, dass er eine große Macht besitzt und, wenn laut gesprochen, zu einer einflussreichen Energie in dieser Welt wird. Er hat allerdings nur dann Kraft, wenn er von ganzem Herzen gesprochen wird. Ein einfaches Rezitieren der Worte in Ritualen, ohne die Absicht des Herzens dahinter, bedeutet, auf kraftlose Glaubenssätze zurückzugreifen. Mit Herz und Geist vereint zu sprechen und dann danach zu handeln, trägt eine Gewissheit des Glaubens, welche die Mächte des Universums hervorruft.

Mit der richtigen Geisteshaltung zur Zeremonie zu erscheinen, bedeutet in der Tat, sich tiefer in das Selbst zu versenken, um den Schöpfer zu erreichen. So wie der Lebensbaum nicht nur hohe Zweige, sondern auch tiefe Wurzeln hat, gehe tief, um hoch reichen zu können; und je tiefer du gehst, desto höher kannst du steigen.

Es ist wie eine spirituelle Reise, wenn du die richtige Geisteshaltung für das Erschaffen eines heiligen Raumes verwendest und
diesen in dir trägst, wohin auch immer du gehst. Damit bist du
jederzeit für das Zelebrieren von Zeremonien vorbereitet. Hindus,
die auf Pilgerreisen gehen, nennen die Orte, die sie besichtigen,
*tirthas*. Dieses Sanskrit-Wort bezeichnet Orte, an denen sich Himmel und Erde treffen. Das Ziel solcher Pilgerreisen ist gewöhnlich
ein Ort, an dem ein großes Ereignis stattgefunden hat oder den man
als Sitz eines Gottes oder einer Göttin kennt. In deinem heiligen
inneren Raum, den du mit dir trägst, ist das große Ereignis dein
Bewusstsein der Welt um dich herum. Es ist das Bewusstsein von
einem heiligen Raum und der Absicht, diesen mit den Kräften zu
beleben, die eine Zeremonie erschaffen.

Menschen mit einem solchen Bewusstsein und einer solchen
Absicht können diese unbegrenzte Energie anzapfen. Durch die gesamte Geschichte suchten Eingeborenenvölker „durchlässige" Orte
auf Erden – Orte, an denen gute Energie sehr ausgeprägt vorhanden
war –, und bauten dort Medizinräder oder andere Denkmäler aus
Erde oder Stein. Solche Plätze sind *lela waken* (Lakota für „sehr
heilig"), Kraftportale, durch welche die Seele transportiert werden
kann und an denen äußerst wirksame Zeremonien ausgeführt
werden können – indem man einen heiligen Kreis schafft, die
Mächte einlädt und den Ort durch Gebete verwandelt.

Gebete sind wie ein Tanz zwischen dem Bewusstsein einer
Person und dem Göttlichen. Wenn du betest, dann sind deine
Absichten konzentriert, verstärkt durch die Kraft des Rituals, das
einen Rahmen für die Manifestation liefert. Wie groß oder klein

die Zeremonie auch ist, die Auswirkungen dieses Tanzes sind groß – dein Partner ist die Ewigkeit, der Tanz zeitlos, während sich deine Absicht spiralförmig vorwärts und rückwärts in der Zeit bewegt. Deine Absicht, deine im Gebet gesprochenen Worte, sollten eine Affirmation sein, denn der Göttliche Vater hört diese Worte, und Mutter Erde bringt Blüten hervor, wo auch immer Samen gesät wird. Wenn der Geist deine auf diese Art und Weise gewachsene Absicht hört, kann er sie ausführen.

## Anleitung zum Beten

Beten heißt nicht fragen, sondern bekräftigen, dass das gewünschte Resultat bereits vorhanden ist, und zulassen, dass es sich von der impliziten in die explizite Ordnung manifestiert. Die gewünschten Resultate des Betens müssen auch im Einklang mit den Gedanken und Handlungen stehen. Den meisten Menschen ist nicht bewusst, dass Gebete nicht nur aus spezifischen, sondern aus allen Gedanken und Handlungen bestehen, sowohl den persönlichen als auch den kollektiven. Ungeachtet dessen, wie kraftvoll deine Absicht oder deine heilige Zeremonie ist: Wenn deine Gedanken und Handlungen ihr widersprechen, wird dein Gebet zunichte gemacht. Betest du beispielsweise um Fröhlichkeit und Gelassenheit, bist aber oft negativ und neigst zu Konflikten, dann ist es nicht sehr wahrscheinlich, dass das geschieht, worum du bittest, weil dies durch das fortlaufende „Gebet" deines Daseins annulliert wird. Du kannst auch nicht die Hände falten und sagen: „Ich will einen Mercedes" – und erwarten, einen zu bekommen, wenn deine täglichen Gedanken und Handlungen ein derartiges Ergebnis nicht unterstützen. Durch ehrerbietiges Beten, indem Ritual und Absicht konzentriert werden, könnte in der Tat selbst eine mikromillisekundenlange Verbindung mit dem Göttlichen einen Mercedes manifestieren, weil die Möglichkeit unendlich ist. Der Schöpfer stellt jedoch das bereit, was für den Fluss der Schöpfung am besten ist und was du zu bewältigen in der Lage bist.

Außerdem müssen deine Gebete anerkennen und bekräftigen, dass die erhofften Ereignisse bereits geschehen sind – und in gewissem Sinne sind sie das auch. Sie werden durch die Gebete hier und jetzt in die Existenz eingeladen, in der Annahme, dass der Schöpfer derartige Ergebnisse befürwortet. Es ist wichtig, sich daran zu erinnern, dass Dinge zum Besten aller – Pflanzen, Tiere und Geistwesen eingeschlossen – geschehen sollen.

Weiterhin musst du sorgfältig auf die Formulierung deiner Gebete achten. Wenn du zum Beispiel sagst: „Ich will einen Mercedes", so wird dieses Gebet wahrscheinlich so beantwortet: Du wirst einen Mercedes haben wollen; aber es ist unwahrscheinlich, dass du einen Mercedes bekommst, weil du dem „Wollen", aber nicht dem „Haben" Kraft gegeben hast.

Auch müssen Gebete eine gute Absicht haben, so dass nur der höchste Ausdruck des Wunsches manifestiert wird, ohne in irgendeiner Form die bereitgestellte gute Medizin zu beschränken. In der Tat ergeben wir uns im Gebet dem größtmöglichen Guten. Dabei erkennen wir, dass dies bereits geschehen ist und es nun unsere Aufgabe ist, es wahrzunehmen und damit manifestieren zu lassen. Unsere Gebete haben Kraft, wenn sie mit dem Fluss der Schöpfung fließen, der als der einfachste Weg zum Guten angesehen wird.

Weil Gebete Kraft haben, ist es nicht nur weise, eine positive Absicht beim Beten zu haben, sondern auch die Nachfrage abzulehnen, was denn falsch lief, wenn ein bestimmtes Gebet nicht beantwortet wurde. Wenn beispielsweise die Nachbarn den Mercedes bekommen, dann ist es wahrscheinlich, dass dein Gebet dafür nicht am Fluss der Schöpfung ausgerichtet war. Du kannst den Schöpfer nicht einschränken, indem du ihm deine eigenen Erwartungen aufbürdest; tatsächlich wird der Versuch, Gott in die Erfüllung der Bedürfnisse deines Egos oder deiner Persönlichkeit einzuspannen, wahrscheinlich mehr Disharmonie, Mangel und Bedarf schaffen, da das die Haltung ist, mit der das Gebet geschaffen wurde. Des Schöpfers Schöpfung manifestiert sich auf unvorstellbar guten Wegen, weil es eine Sichtweise des Ewigen ist, welche die Vergangenheit, Gegenwart und Zukunft als eins umfasst. Sie ist nicht durch unsere unbeständigen Erwartungen eingeschränkt, aber wenn wir uns nach ihr ausrichten, können wir unsere wildesten Träume manifestieren.

Damit unsere Gebete wirksam sind, müssen wir also vom Herzen aus beten, im Geist von Frieden, Liebe, Mitgefühl, Licht, Heilung und Wachstum. Wir sollten dies in einer Geisteshaltung tun, die kein Interesse am Ergebnis hat, um Manifestationen zuzulassen, die der größten Zahl von Lebewesen hilft. Dieses ist das Denken mit der rechten Gehirnhälfte. Wenn wir im Gegensatz dazu unsere linke, rationale Gehirnhälfte zum Denken verwenden, nützen wir nicht die volle Kraft des Gebets; die lineare Absicht kann abgelenkt oder untergraben werden. Die Aktivitäten sowohl der rechten als auch der linken Gehirnhälfte tragen zum Schaffen von Realität bei. Die linke Gehirnhälfte denkt praktisch und ist daran gewöhnt, Straßen, Brücken und Wolkenkratzer zu bauen. Die rechte Gehirnhälfte denkt holistisch und funktioniert in Symbolen und feinen Bedeutungsschattierungen, die für das Gebet angemessen sind. Wenn wir uns in diesem Zustand befinden, wird unser authentisches Selbst als eine Quelle unbegrenzter Gutherzigkeit und Kraft gesehen, wie auch jeder, den wir kennen und alles um uns herum. Wenn beispielsweise Medizinmänner Gebete oder Zeremonien zum Regenmachen zelebrieren, dann beten sie nicht für den Regen. Sie werden eins mit der Erde und dem Himmel und fühlen die Notwendigkeit des Regens, lassen damit die Möglichkeit zu, dass es regnet, und in diesem Fenster des Glaubens, das für alle Wesen gut ist, kann der Regen stattfinden.

Schließlich sollten Gebete den Dank für die Führung der Geistwesen und alles, was sie bereitstellen, einschließen, da die *Mächte* das Geschehen von Wundern auslösen. Du kannst ein Gebet zum Beispiel mit den folgenden Worten der Dankbarkeit beenden:

*Herr, mein Schöpfer, liebe Mutter Erde, lieber Himmlischer Vater, liebe Geistführer, Engel, Krafttiere und alle guten Geister,*

*wir danken euch dafür, dass ihr uns erlaubt habt, eine Zeremonie abzuhalten und heute hier mit euch zu sein; wir sind dankbar für alle Dinge und alle Wesen, so dass wir eins mit euch sein mögen.*

*Wir danken dir, Schöpfer, dafür, dass du für Kraft und Licht und Heilung sorgst;*

*wir danken dir, Mutter Erde, für das Bereitstellen der Nahrung, die wir essen, der Luft, die wir atmen, all der Dinge, die wir für das Leben benötigen;*

*wir danken euch, Geistführer, dafür, dass ihr so gesprochen habt, dass wir euch hören und eurer Führung folgen konnten;*

*wir danken euch, Krafttiere, für euren Schutz und die Verbindung zu allen Dingen.*

*Liebe Engel, wir danken euch für die ständigen Wunder um uns herum, die die Welt fast unmerklich und so kraftvoll verändern, dass wir es kaum bemerken;*

*wir danken euch, Göttinnen der Erde und des Himmels, für die vielen Wunder, die ihr in Mitgefühl, Liebe, Vergebung, Führung und Heilung übt.*

*Ihr Vorfahren und gute Geister, wir danken euch dafür, dass ihr über uns wacht, uns beratet und uns helft, auf gute Art und Weise für alle Wesen zu handeln;*

*wir danken euch dafür, dass ihr uns helft zu heilen und Gleichgewicht, Vollständigkeit und Einheit zum Nutzen aller bringt;*

*wir danken euch dafür, dass ihr diese Worte, diese Stimme, die wir aussenden, auf die gute Art annehmt, wie sie beabsichtigt ist, und wir danken euch dafür, dass ihr alle von uns begangenen Fehler oder Auslassungen korrigiert;*

*wir danken euch für diesen Tag, diesen Augenblick, dieses Mitteilen.*

*Alle unsere Verwandten.* Mitakuye Oyasin. Gus dii dada dv ni. *Amen.*

Wenn wir eins sind mit dem Baum des Lebens, sind wir mit jedem lebenden Ding verbunden; und in der indianischen Tradition besitzt alles Leben und alles hat seine eigene Kraft, seine gute Medizin – die *nvwati*. Ein indianisches Sprichwort besagt, die Blätter eines einzelnen Baumes ziehen niemals in den Krieg gegen die anderen.

Wenn wir eins mit dem Baum des Lebens werden, ist jedes Wesen unser Verwandter. Wir sind alle eins, verschieden in der Art, wie wir in der Welt erscheinen, doch alle durch den einen Baumstamm und die Glieder des Lebensbaumes verbunden. So geschehen Wunder. Wenn wir unser Einssein erkennen, können wir alles überall beeinflussen. Wir sind alle verwandt; wir sind alle miteinander verbunden. Dies ist es, was gemeint ist mit dem Gebet, der Segnung und der Verfügung *mitakuye oyasin*, alle unsere Verwandten, in Lakota, oder *gus dii dada dv ni* in der Sprache der Cherokee. In der heiligen Geometrie werden wir erneut eins mit dem heiligen Lebensring, dem großen Kreis aller Wesen, der sich im großen heiligen Kreis von Mutter Erde befindet. Im westlichen Gedankengut sehen wir Dinge rational, d.h. in einer geraden Linie; in der indianischen Tradition sehen wir Dinge rund, alle Punkte gehören zu (sind verwandt mit) demselben Ding. In der westlichen Tradition wird Zeit selbst als eine gerade Linie gesehen, aufeinander folgend, 1-2-3-4...von Punkt zu Punkt. Doch in der indianischen Tradition ist jeder Augenblick zeitlos; er hat seine eigene Zeit, seine eigene Abfolge. Die Basis aller Energiemedizin, und damit dessen, was wirklich real ist, ist die Zeitlosigkeit der Zeit. Sie ist zeitlos, weil sie ein Kreis ist, eine Spirale, die von der Zeitlosigkeit in die

Zeitlosigkeit geht und sich dabei schnell wie ein Blinzeln in dieser Wirklichkeit manifestiert. Tatsächlich ist jeder Augenblick zeitlos; er kann nicht als gerade Linie, sondern als „V" betrachtet werden, das tiefer und tiefer in jeden Augenblick hineingeht, wenn ihm absolute Aufmerksamkeit geschenkt wird. In der Zeremonie, im Baum des Lebens, ist jeder Augenblick alle Zeit – keine Zeit, wo Vergangenheit und Zukunft eins mit der Gegenwart sind. Dieses Einssein ist das, was mit der Verschmelzung mit dem Baum des Lebens gemeint ist. Alles ist eins in all seiner Verschiedenheit und all seinen Manifestationen; innerhalb jeden Augenblicks liegen die unendlichen Möglichkeiten von Wundern.

## *Übung 4*

### Einen heiligen Kreis gestalten

Ein heiliger Kreis steigert die Effektivität einer Zeremonie, denn er konzentriert unsere Energien, führt zum richtigen Denken und setzt eine Absicht. Wähle einen Kraftplatz, einen Ort in der Natur, der abgelegen ist oder einen Ausblick hat, der sich „richtig anfühlt", und an dem deine Energien am besten zur heiligen Geometrie der Landformen beitragen können.[1]

Von diesem Ort gehe direkt nach Osten, etwa drei Meter oder mehr, je nachdem wie groß du deinen heiligen Kreis haben möchtest. Dann schreite im Uhrzeigersinn um diesen Ort herum und halte an jeder Hauptrichtung an, um die Energien zu spüren. Gehe viermal um diesen Kreis, singe oder bete dabei jedes Mal deinen Dank an den Schöpfer und alle Wesen für diese Gelegenheit,

Körper, Geist, Herz und Seele mitzuteilen. Dabei markiere den Umriss des Kreises durch das Ausstreuen von Tabak oder Maismehl. Wenn du möchtest, kannst du in der ersten Runde eine Rassel schütteln, um die vorhandenen Energien aufzubrechen, so dass sie deiner heiligen Absicht folgen. Dann, bei der letzten Runde, zünde Salbei oder Zedernholz an und gehe spiralförmig im Uhrzeigersinn zum Zentrum; dabei fächele den Rauch so, dass er den Kreis füllt. Danach tue das, was deine Eingebung dir sagt: Führe die gewünschte Zeremonie aus oder, wenn du es vorziehst, meditiere oder genieße einfach den heiligen Ort der Natur.

## *Übung 5*
### Mit spiralförmiger Energie heilen

Jedes Trauma, sei es bei Menschen oder in der Erde, strahlt spiralförmige Energie aus. Zur einfachen Linderung kann man eine Energiespirale in die entgegengesetzte Richtung fließen lassen, um der durch das Trauma produzierten Spirale Widerstand zu leisten. Wenn du dich zum Beispiel versehentlich verbrennst oder in den Finger schneidest, halte sofort die unverletzte Hand mit geöffneter Handfläche im Abstand von etwa zwanzig Zentimetern über die Verletzung und spüre, ob die Energiespirale von der Verletzung im Uhrzeigersinn oder dagegen ausstrahlt. Wenn sie im Uhrzeigersinn strahlt, dann drehe deine geöffnete Handfläche langsam gegen den Uhrzeigersinn und spule dabei die Energie allmählich zurück wie eine Uhr, während deine Handfläche die ganze Zeit gegen die von der Verletzung ausströmende Spirale drückt. Wenn du keinen Widerstand spürst, versuche deine offene Hand in die andere Richtung zu drehen. Sobald du Widerstand spürst, fahre fort, deine Handfläche in diese Richtung zu drehen, bis du den Widerstand nicht länger fühlst. Durch den Einsatz von Widerstand sollte bei jedem Trauma der Schmerz verringert und die Heilung beschleunigt werden, indem die Heilungsenergie in die entgegengesetzte Richtung aktiviert wird.[2]

## *Übung 6*
### Deine angeborene Weisheit befragen

Mit Hilfe der Kinesiologie kannst du deine eigene innere Weisheit dazu befragen, ob ein vorgeschlagener Handlungsweg empfehlenswert ist. Zunächst lege einen Maßstab oder eine Ausgangslinie fest, von der aus positive oder negative Bewertungen gemacht werden. Dazu halte deine rechte Hand auf deinen Bauch (das *hara*), leere deinen Kopf von Gedanken und stelle eine Frage, zu der du die Antwort kennst, wie beispielsweise: „Ist mein Name (dein Name)?" Dann schaue, ob sich deine rechte Hand nach links oder nach rechts bewegt; das wird der Maßstab sein, an dem andere Antworten gemessen werden. Du kannst diesen Maßstab jederzeit neu setzen, indem du deine Absicht änderst. Dieses System kannst du zu jeder Zeit verwenden, um zu sehen, was dir dein mit dem Geist verbundenes Höheres Selbst als Antwort auf deine Fragen rät. Dieses System funktioniert nur mit Fragen, die mit „ja" oder „nein" beantwortet werden können. Außerdem haben die Geistführer und Engel keine Vorstellung von Zeit. Stelle also keine Fragen wie: „Ist dies bald?" „Bald" könnte eine Ewigkeit sein. Frage lieber: „Eine Stunde?" „Zwei Stunden?" Denke auch daran, dass sich die Ausgangsbedingungen verändern können, denn wir leben entlang variabler Zeitlinien.

## *Übung 7*

### Sich mit dem Baum des Lebens verbinden

Die folgende, nur etwa dreißig Minuten dauernde Meditation kann dir helfen, deinen inneren *Baum des Lebens* zu finden, so dass du ihn dann jederzeit nach Belieben aufsuchen kannst. Lasse dir die Meditation von einem Freund vorlesen oder nimm sie auf und spiele sie ab, so dass du während des Meditierens selbst frei bist, mit deiner innewohnenden Kraft Kontakt aufzunehmen, die besonderen Energien in der Natur zu sehen und mit ihnen zu verschmelzen.[3]

Schließe sanft deine Augen und atme ein paar Mal tief ein und aus. Stelle dir vor, dass du die Spannungen in deinem Körper ausatmen und die wunderbare Energie um dich herum einatmen kannst.

Lasse dich von jedem Atemzug tiefer und tiefer in einen Zustand der Entspannung führen.

(Kurze Pause von fünfzehn Sekunden, um den Körper mit Hilfe des Atems zu entspannen).

Nun entspanne alle deine Muskeln, lasse alle Anspannung in ihnen nacheinander wie folgt entweichen: Entspanne zunächst die Muskeln deines Nackens und der Schultern, dann deiner Arme, der oberen und unteren Rückenpartie, des Magens und des Bauches und schließlich der Beine und der Füße, so dass sich dein gesamter Körper in einem Zustand des Friedens befindet.

Stelle dir ein strahlendes Licht in einer selbst gewählten Farbe über deinem Kopf vor. Erlaube diesem Licht, deinen Aufmerksamkeitsgrad zu stärken, lasse es durch den Scheitelpunkt deines Kopfes in deinen Körper fließen und dabei jede Zelle mit Frieden und Heilung erfüllen.

Zähle rückwärts von zehn bis eins und lasse dich dabei von jeder Zahl tiefer in den entspannten Zustand führen.

Zehn...neun...acht...du tauchst tiefer und tiefer ein...

Sieben...sechs...fünf...immer friedlicher und entspannter...

Vier...drei...zwei...eins...so ruhig und gelassen...

In diesem wundervollen Zustand des Friedens und der Ruhe stelle dir vor, wie du auf einem schönen Weg durch eine stille Wiese gehst und dir dabei der wunderschönen Blumen und der warmen Sonne bewusst bist, die dich beruhigt und heilt.

Vor dir siehst du, wie der Weg einen frischen, von hohen Bäumen beschatteten Bach kreuzt. Folge dem Weg zum murmelnden Bach.

Steine im seichten Wasser des Baches bilden einen idealen Fußweg. Betritt sie sanft und folge ihnen, vorbei an dem großen Felsen in der Mitte des Flusses, um auf die andere Seite zu gelangen.

Beim Erreichen der anderen Seite siehst du einen einladend offenen, lichtdurchfluteten Wald mit verschiedenartigen Bäumen, die nur leichten Schutz vor der Sonne bieten. Folge dem Weg in den Wald und nimm dabei wahr, wie groß die Gräser und Farne sind, wie sanft deine Füße auf den feuchten Blättern treten und wie kraftvoll die Luft ist, lebendig und voller wunderbarer Gerüche der Vegetation.

Folge weiter dem Weg, bis du einen großen, hohen Baum siehst, zu dem du eine besondere Verbindung spürst. Nimm jedes Merkmal dieses Baumes wahr – seinen Umfang, seine Höhe, wie sich die Rinde anfühlt.

(Fünfzehn Sekunden Pause)

Umarme den Baum, so weit wie du reichen kannst.

Fühle die Rinde an deiner Wange. Rieche seinen Duft. Erlebe, wie tief in der Erde verwurzelt dieser Baum ist und wie lebendig er sich anfühlt.

Gehe in das Innere des Baumes und fühle, wie du mit ihm verschmilzt. Spüre, wie deine Füße hinunter in die Erde gehen, an Hunderten von Wurzeln vorbei, bis deine Zehen eine gläserne Höhle berühren und heilendes Licht durch sie hindurch nach oben jagt und in deinen übrigen Körper hineintritt.

Fühle das Licht in dein Herz und durch deine Arme und Beine fließen.

Fühle dich verwurzelt, lebendig und mit Licht und Energie durchflutet.

(Fünfzehn Sekunden Pause)

Fühle, wie dich diese Energie nach oben durch den Scheitelpunkt deines Kopfes trägt.

Fühle deine Arme als Zweige des Baumes, wie sie sich in den Sonnenschein über dem Wald erstrecken.

Fühle deine Finger als Blätter, genieße die Leben spendenden Strahlen der Sonne und ziehe die Energien von allem um dich herum in dich hinein, wo sie sich alle in deinem Herzen treffen.

(Fünfzehn Minuten Pause)

Du bist eins mit dem Baum.

Deine Wurzeln reichen tief, tief, tief in die feuchte Erde.

Deine Zehen befinden sich in der gläsernen Höhle.

Dein Körper ist der Baum, groß und stark, fähig, jedem Element der Erde – ob Wind oder Regen – zu widerstehen.

Du bist eins mit all den Kräften von Himmel und Erde.

Dein Bewusstsein kann sich so weit erstrecken, wie du es wünschst, über alles Land hinweg.

Du bist fest in deinem Herzen verankert, wo sich die Leben gebenden Heilenergien von Himmel und Erde treffen. Was siehst du? Was liegt vor dir? Was liegt hinter dir? Welche Einsichten kommen dir?

(Dreißig Sekunden Pause)

Um zum vollen wachen Bewusstsein zurückzukehren, zähle von eins bis zehn, und lasse dich dabei von jeder Zahl weiter aufwecken. Bei Zehn öffne die Augen und nimm wahr, wie hellwach und munter du bist, mit völliger Kontrolle über Körper und Geist.

Nun schreibe auf, was du gesehen und gefühlt, und welche Nachrichten du während der Meditation erhalten hast.

*Aus dem Energie-Notizbuch:*
*Gib Acht, für was du betest!*

Wir müssen erkennen, dass unsere Gedanken und Worte Kraft haben und das Abhalten von Zeremonien diese Kraft vergrößert. Wenn wir uns im heiligen Kreis einer Zeremonie befinden, dann sind alle unsere Gedanken und Handlungen Gebete, welche die implizite Ordnung in die explizite Ordnung beschwören oder das Sichtbare aus der Welt des Unsichtbaren manifestieren. Daher sei vorsichtig mit dem, wofür du mit deinen Gedanken und Worten betest, denn sie können die Manifestation ungewollter Dinge auslösen.

Ich wurde an die Kraft der Gedanken und Worte erinnert, als meine Frau Annette und ich an unserer dem Bären gewidmeten Bear Lodge Vorbereitungen für eine Schwitzhütten-Zeremonie mit Freunden trafen, die zu Besuch waren. Die Energie des Bären ist heilend; das spiegelt sich in den Medizin-Bär-Fetischen wider, die häufig einen auf seinen Körper gemalten oder handgeschnitzten Blitz darstellen, der diese Kraft symbolisiert und darauf hinweist, zur Heilung nach innen zu gehen.

Während „die Großväter" (Steine) im heiligen Feuer erhitzt wurden, saßen wir draußen vor der Hütte und begannen, über Schlangen zu sprechen. Annette und ich verspüren weder eine besondere Liebe noch eine ausgeprägte Abneigung zu diesen Tieren; doch unsere Freunde fürchteten sich vor ihnen und erzählten viele furchterregende Geschichten über Begegnungen mit Schlangen. Nach einer Weile begann ich, mich unwohl zu fühlen und schlug vor, vielleicht das Thema zu wechseln, da wir im heiligen Kreis der Hütte saßen. Dann rief eine Eule, was bedeutete, dass die „Großväter" fertig waren, und wir führten unsere Schwitz-Zeremonie durch.

Einige Tage später beschlossen Annette und ich, eine „Familien-Schwitz-Zeremonie" abzuhalten – etwas, was wir oft tun, um gemeinsam zu beten und Körper, Geist, Herz und Seele für Heilung und den Empfang persönlicher Führung zu reinigen. Als die erste Runde begann und ich Wasser über die Steine goss, um die guten Geister einzuladen und unseren Krafttieren dafür zu danken, dass sie als Torwächter negative Energien abhielten, hörten wir beide ein lautes „Pop" und dann einen dumpfen Schlag. Nun ist es nicht ungewöhnlich für Geister, in der Hütte zu erscheinen – manchmal als helle Lichter, Gesichter oder Kraft-Tiere – doch Annette sagte mit ahnungsvoller Stimme: „Ich glaube, es ist gerade eine Schlange erschienen. Sie ist riesig." Dann kam eine Pause von etwa der Zeit, die man braucht, um zweimal zu blinzeln, und Annette war zur Tür hinaus, Licht flutete in die Hütte. Dort, in der westlichen Ecke der Hütte (dem Ehrenplatz und der Richtung des Bären), lag zusammengerollt eine große, anderthalb Meter lange Königsnatter. „Dies ist vermutlich das Ende der ersten Runde", sagte ich.

Mit einem Stock hielten wir die Zeltwand der Hütte hoch, und die Schlange glitt ruhig in Richtung Wald hinaus. Wir nahmen unsere Zeremonie wieder auf, und ich betete: „Danke, Schöpfer, für diesen wunderbaren Gast – und für die Mahnung, darauf zu achten, was wir innerhalb des heiligen Kreises an der Hütte sagen."

## *Überblick*

Wie man wirksame Zeremonien gestaltet:

- Erkenne, dass alles miteinander verwandt ist, und verbinde dich mit dem Baum des Lebens.
- Entwickele die richtige Geisteshaltung.
- Schaffe einen heiligen Kreis, der alles in der Welt vereinigt.
- Lerne das Beten.
- Erlaube den Mächten, das ganz zu machen und zu manifestieren, was manifestiert werden muss.
- Danke stets und beständig den Mächten und dem Schöpfer.

*Internet Schlüsselwörter:*

Wakan, lela wakan, Deganawida, Baum des Lebens/Lebensbaum.

# KAPITEL 4

## Zeremonien zur Selbstfindung und Heilung

*Das Überleben der Welt hängt davon ab,
dass wir teilen,
was wir haben, und zusammenarbeiten.
Wenn wir dies nicht tun,
wird die gesamte Welt sterben.
Zunächst der Planet und dann die Menschen.*

FRANK FOOLS CROW, LAKOTA MEDIZINMANN

Alle Zeremonien beginnen mit der Einsegnung eines Kreises, dessen Zentrum das Heilige repräsentiert. Gleichzeitig erlaubt der Kreis dem Zeremonien-Meister, Kontakt mit seinem inneren Ruhepunkt aufzunehmen, so dass der innere und der äußere heilige Raum als miteinander verbunden erlebt werden können. Danach folgt jede Zeremonie der gleichen Grundstruktur:

Sie ehrt die Himmelsrichtungen mit Dankgebeten der Anerkennung für alles.

Sie fährt fort als *lebendes Gebet* durch Gedanken, Danksagungen, Bitten und Rituale.

Sie endet mit einem Gebet der Dankbarkeit für alles das, was vorher, während und nach dem Ritual geschehen ist oder geschehen wird.

Die in diesem Kapitel beschriebenen Zeremonien konzentrieren sich darauf, Selbstfindung und Heilung zu fördern. Eine gute Vorbereitung für alle Zeremonien ist es, zu lernen, wie man ein Medizinrad baut und benutzt. Das Rad selbst ist weniger wichtig als der darin enthaltene Raum; das Rad ist eine Repräsentation und eine Erinnerung an das Einssein und die Vielfalt allen Lebens. Durch das Schaffen eines äußeren heiligen Raumes, der den inneren Raum widerspiegelt, bildet es einen Rahmen für das Abhalten von Zeremonien. Außerdem ist das Rad eine uralte Praxis, die in verschiedenen Formen durch alle Kulturen hindurch über den gesamten Globus hinweg bekannt ist. Innerhalb dieses Kreises, in diesem weiblichen Prinzip des Gefäßes oder enthaltenen Raumes, werden dein Verstand, dein Herz und deine Seele eins mit dem Schöpfer, um etwas in der Welt zu manifestieren.

## *Übung 8*
### Ein Medizinrad für eine Zeremonie gestalten

Um die Verbindung mit allem, und somit das Einssein mit der Welt, zu erfahren, schaffe ein Medizinrad. Dies ist etwas, das du überall, zu jeder Zeit, drinnen oder draußen, im Hinterhof oder im entferntesten Busch tun kannst.

Für verschiedene Zwecke können unterschiedliche Formen des Medizinrads erstellt werden. Das hier beschriebene ist das Medizinrad der Welt, das hilft, einen Rahmen für Zeremonien zu schaffen. Zunächst errichte einen heiligen Kreis; er kann so klein wie ein Altar auf einem Tisch oder so groß wie ein riesiger

Ring auf dem Boden draußen in der Landschaft sein. Als Nächstes finde fünf kleine Steine: Platziere einen in der Mitte des Kreises, dann positioniere jeweils einen der übrigen in jeder der vier Himmelsrichtungen – Osten, Süden, Westen und Norden. (Wenn du es wünschst, sammele vier weitere Steine und platziere sie an den Zwischenpunkten, um Südosten, Südwesten, Nordwesten und Nordosten zu repräsentieren).

Mit Blick auf die gelegte Konfiguration erkennst du, dass Medizinräder sechs Hauptrichtungen besitzen: Oben, unten und jede der vier Hauptrichtungen. Es gibt einen siebten Punkt, die Mitte, die auch der Sitz der Seele ist, wo wir uns mit dem Schöpfer vereinigen. Oben befindet sich die männliche Kraft des Geistes, während unten Mutter Erde ansässig ist. Zwischen diesen Punkten gehen wir, flankiert von den Welten des Himmels und der Erde – unser Fleisch von der Erde, unsere Seelen die Funken des Geistes.

Jede der vier Richtungen ist eine Macht und jeder ist eine der Farben der vier Menschenrassen zugeordnet: Rot, Gelb, Schwarz und Weiß. Wir erkennen diese Mächte an als:

Osten (rot): Sonnenaufgang, Anfänge, neues Bewusstsein
Süden (gelb): Jugend, Wachsen, Kraft, Heilung
Westen (schwarz): Innere Vision, Reflexion, Ende
Norden (weiß): Weisheit der Vorfahren, höhere Kraft, Führung

Ebenso wie jede Richtung ihre Kraft hat, so hat jeder Tag seine eigene Energie (rot, gelb, schwarz oder weiß), und die Tage treten in Kreisen von dreizehn auf, ebenso wie in Stunden und Minuten.

Damit repräsentiert die von dir für dein Medizinrad geschaffene Konfiguration Zeit und Raum. Kurz gesagt: Die Welt selbst.

Da du jeweils einen Stein an jeder der vier Richtungen platziert hast, erkenne, dass das, was zunächst als Viereck erscheint, tatsächlich ein Kreis ist. Du kannst unendlich viele Steine vom Mittelpunkt nach außen hinlegen und es wäre ein Steinkreis – das, was die Hopi-Indianer und die alten Kelten als heilige Stätten zum Beten und für Heilungszeremonien benutzten. Ebenso kannst du auch innerhalb des von dir konstruierten Kreises Zeremonien abhalten. Lade die Mächte ein und sprich deine Gebete, die hinaus ins Universum gehen.

Die Kraft des Medizinrads entspringt der heiligen Geometrie der Formen und ihrer Beziehungen zueinander. Die Basis der heiligen Geometrie spiegelt sich in der Tatsache wider, dass sich alle Formen auf Mutter Erde aus dem Kreis und der geraden Linie zusammensetzen. Der Kreis symbolisiert die weibliche Energie, die umfassend ist; die vom Mittelpunkt ausstrahlenden geraden Linien stellen die männliche Energie dar, die trennt. Vom Augenblick der Schöpfung an gab es einen Kreis, den Punkt, der alles einschließt; und von dem Kreis kam die gerade Linie, die trennt. Die Natur der Welt ist so beschaffen, dass die männlichen und weiblichen Energien zusammenkommen, um alle Formen zu bilden. In allen Zeremonien sollten wir diese Kräfte anerkennen und ihnen zugestehen, das zu schaffen, was für uns Einzelne wie auch für alle Wesen das Beste ist.

Um Zeremonien zu gestalten oder einen Dialog zwischen dem inneren und dem äußeren heiligen Raum zu schaffen, müssen wir sowohl mit der Energie des Medizinrad-Mittelpunktes als auch mit unserem eigenen Ruhepunkt eins werden. Das Gefühl der Verschmelzung mit dem Geist ist eine Seelenverbindung, die wir von Leben zu Leben mit uns tragen, ähnlich der Luftschläuche der Taucher unter Wasser, die sie mit ihrer Energiequelle über der Oberfläche verbinden. Ebenso wie bei den Tauchern, sind unsere „Tauchanzüge", unsere Körper, austauschbar und untereinander auswechselbar. Wir denken, dass wir in diesen besonderen Tauchanzügen leben und unsere Umgebung real ist, doch in Wirklichkeit sind sie ein Traum dieser Welt. Jenseits dieses Traums tragen wir alle die Kraft des Schöpfers in uns – die Kraft, auf die wir im Gebet zurückgreifen. Als solches sind wir, wer wir auch sind und wo immer wir uns aufhalten, wichtige Instrumente des Schöpfers. Durch unsere Gebete im Medizinrad, im Herzen des Schöpfungsflusses, nutzen wir die Kraft des Rades, um zu helfen, die Welt ins Gleichgewicht zurückzubringen.

## Feuer, Wasser, Erde und Luft

Seit alters her sind die wesentlichen Elemente des Lebens als Feuer, Wasser, Erde und Luft beschrieben worden. (In der Chinesischen Tradition gibt es fünf Elemente – Holz, Feuer, Erde, Metall und Wasser). Alle Weisheitstraditionen haben diese Elemente als heilig und machtvoll angesehen. Daher ist es kein Zufall, dass sie in religiösen Traditionen und Zeremonien symbolisch verwendet wurden und in heiligen Glaubenslehren in der ganzen Welt erscheinen. Dies ist nicht nur, weil sie die Essenz des Lebens auf dem Planeten enthalten, sondern auch, weil sie mit dem Geheimnis der Umwandlung in Verbindung gebracht werden. Wenn etwas im Feuer verbrannt wird, verändert sich seine Form, und der Rauch steigt gen Himmel. Wenn etwas in Wasser gelegt wird, wird es verändert, so dass es wieder mit dem Leben verschmelzen kann. Wenn etwas in der Erde vergraben wird, kehrt es zu der Substanz zurück, von der es herstammt. Wenn etwas draußen in der Natur gelassen wird, wird es durch Luft und die Wetterelemente verwandelt. Jeder dieser Umwandlungsprozesse führt zurück zu Mutter Erde und zum Himmlischen Vater und kann in heiligen Zeremonien verwendet werden, um zu Selbstfindung und Heilung beizutragen. Darüber hinaus sind alle diese Elemente eine Kraft in sich selbst; sie enthalten Qualitäten, die über das Unmittelbare hinausreichen. Wenn wir mit diesen Elementen in der Zeremonie arbeiten, dann ehren wir die Medizin, die jedes einzelne enthält, um die Wirklichkeit selbst zu ändern.

## Feuer

In alten Überlieferungen wird das Geschenk des Feuers von einem Gott oder einem heiligen Wesen häufig als Wendepunkt in der Entwicklung der Menschheit gesehen – von Prometheus, der den Völkern der westlichen Mythologie Feuer bringt, bis hin zur Spinne, die den Völkern in den indianischen Geschichten das Feuer geschenkt hat. Der bedeutsame Wandel in der Menschheit stammt zum Teil daher, dass Feuer äußerst wichtig zum Überleben ist; aber auch davon, dass es große Macht hat, die zum Guten oder Bösen verwendet werden kann – und uns somit in moralische Zwangslagen bringt. Gewöhnliche Feuer, das Ergebnis des Willens, werden für weltliche Zwecke benutzt; heilige Feuer, das Ergebnis spiritueller Absicht, werden für Zeremonien verwendet. In einer Zeremonie wird ein Feuer gemacht, damit die Teilnehmer es als etwas Heiliges wahrnehmen können, im Gegensatz zu einem Feuer zum Kochen oder zur reinen Freude. Wir nehmen Feuer als Licht und Hitze wahr, doch heiliges Feuer trägt die Kraft des Schöpfers in sich und ist daher ein Portal für Opfergaben und Opfergeschenke. Auch wird heiliges Feuer auf ehrerbietige Weise mit sorgfältig gesammeltem Holz vorbereitet und während der Zeremonie mit Ehre und Respekt versorgt, so als wäre es ein Teilnehmer. Wenn die Zeremonie beendet ist, wird ihm zugestanden, auf natürliche Art und Weise abzubrennen, anstatt es willkürlich auszulöschen.

Das heilige Feuer ist derart wichtig in den Kulturen der Indianer, dass häufig besondere Menschen angelernt werden, die für das Feuer zuständig sind. Bei den Cherokee, manchmal auch das Feuervolk genannt, wird zum Beispiel eine Person zum Feuerwächter (*firekeeper*) ernannt; sie wird zehn Jahre oder länger angelernt, bevor sie diese heilige Stellung übernimmt.

Diese Traditionen sind über Tausende von Jahren mündlich überliefert worden. Zusätzlich dazu, dass das Wissen um das heilige Feuer von den Vorfahren überliefert wurde, kommen die Feuer selbst aus der Kohle und Asche von Vorfahren und sind durchgehend als ewige Flamme gepflegt worden.

Als Brennstoff für heilige Feuer verwenden die indianischen Kulturen Holz, das sie am meisten verehren. Die Cherokee etwa benutzen hauptsächlich sieben Holzarten – Holz der weißen Kiefer, der weißen Zeder, des schwarzen Kirschbaums, der amerikanischen Sykomore, des Hickorybaums, der Pappel und des Walnussbaums. Da die stehenden Bäume geehrt werden, verwendet man das auf dem Boden gefundene abgestorbene Holz, das zum Verbrennen geeignet ist, als ihre Gaben, sofern ein Feuer nicht für einen anderen spezifischen Grund gedacht ist. Von manchen in der Native American Church, in der Chief Peyote (eine Kaktusart: Lophophora williamsii) geehrt wird, wird ein heiliges Feuer zum Beispiel nur mit Eichenholz auf einem Erdaltar errichtet, auf dem zuvor ein Kreuz geweihter Erde oder Sand ausgelegt wurde. Zunächst werden die Holzspäne in Form eines V mit der Spitze nach Westen arrangiert, wo die heilige Person sitzt. Dann wird allmählich das Feuer aufgebaut, bis große Holzbalken brennen, die ein Portal für den Kaktus Chief Peyote bilden, durch den er in den Kreis treten und mit den Menschen sein kann. Beim Bau von heiligen Feuern werden verschiedene Winkel verwendet, da Geistwesen einen Kreis nur durch einen besonderen Winkel betreten; dies wird auf Piktogrammen und Felszeichnungen des amerikanischen Südwestens ersichtlich, die darstellen, wie Geistwesen einen heiligen Kreis, gewöhnlich im Winkel von etwa siebzig Grad, betreten. Aus ähnlichen Gründen richten die Erbauer von Erdhügeln des amerikanischen Mittelwestens und Südostens ihre Erdarbeiten innerhalb von Kreisen an Winkeln aus, die mit verschiedenen Sternen und Sternhaufen abgeglichen waren – sie reichen von dreißig bis siebzig Grad, um den Sternwesen die Teilnahme an den Zeremonien zu ermöglichen.

Heilige Feuer werden generell in Form einer Pyramide, eines Tipis oder einer Kombination aus beiden errichtet. Um ein pyramidenförmiges Feuer zu bauen, wähle zwei kleine Stücke Holz aus und platziere sie parallel zueinander in Ost-West-Richtung, mit Zünder in der Mitte; kreuzweise darüber lege zwei weitere Stücke parallel zueinander in Nord-Süd-Richtung und fahre so fort, das Feuer bis zur gewünschten Höhe zu bauen. Für ein Feuer in Tipi-Gestalt lege Zündstoff in die Mitte und arrangiere darum herum einen Kreis von aufrecht stehenden, sich an der Spitze treffenden Zweigen bis zur gewünschten Größe des Feuers. Da die Kraft eines heiligen Feuers in der Flamme liegt, muss das Feuer selbst nicht groß sein, es sei denn, es wird für eine Schwitzhütten-Zeremonie gebaut, die Hitze benötigt, oder für ein großes Zusammentreffen. In anderen Fällen kann das heilige Feuer klein sein und nur mit so viel Holz genährt werden, dass es hell erhalten wird. Folge immer deiner inneren Eingebung.

Das Festlegen der Absicht und die Auswahl des Materials für das Feuer sollte mit Überzeugung und Integrität geschehen. Um beim Festlegen der Absicht zu helfen, wenn „die Stehenden" (das Holz) gesammelt werden, frage, welche von ihnen sich für die stattzufindende Selbstfindung oder Heilung opfern möchten. Schaue beispielsweise über die Landschaft und frage laut: „Wir errichten heute ein heiliges Feuer; wer möchte an dieser Zeremonie für die Heilung der Erde und aller Wesen teilnehmen?" Den Materialien – eigentlich lebenden Wesen – die sich anbieten, indem sie plötzlich leuchtender erscheinen oder durch ihre Klarheit ins Auge fallen, wie groß oder klein auch immer, sollte gedankt werden. Im Gegenzug sollte man als Zeichen des Respekts und der Anerkennung eine Gabe Maismehl oder Tabak darreichen. Es schafft eine Atmosphäre von Respekt und Dankbarkeit für die Zeremonie, wenn man die heilige Mission eines Wesens, das einen Beitrag leistet, anerkennt.

Die Auswahl des Feuerplatzes kann die Heiligkeit der Zeremonie ebenfalls verstärken. Das Feuer sollte in der Mitte eines Ortes platziert werden, an dem wesentliche Elemente der Landschaft zusammentreffen oder an dem ein gewisses Landschaftsmerkmal Kraft verleiht. Ebenso wie die Sonne die Kraft des Schöpfers, Leben zu geben, repräsentiert, so symbolisiert das heilige Feuer den Funken des Schöpfers, der für Führung und Heilung sorgt. In der heiligen Zeremonie wird das Feuer zum Schöpfer und bietet allen Wesen Türen, um an der Zeremonie teilzunehmen.

Sobald der Ort ausgewählt ist, errichte einen heiligen Kreis – im Durchmesser etwa fünfzehn Meter groß, wenn es sich um ein großes Treffen handelt, etwa drei Meter groß, wenn es ein kleines Treffen wird; oder so groß, wie es angenehm erscheint, wenn die Zeremonie für dich allein ist. Lege brennendes Salbei oder Zedernholz in die Mitte, wo das Feuer gelegt wird. Grabe eine ein paar Zentimeter große Vertiefung und schichte die Erde dafür sofort sorgfältig westlich der Feuergrube zu einem Altar auf. Dann lege alle heiligen Gegenstände oder Objekte, die gesegnet werden sollen, auf diesen Altar. Wenn du eine *chanunpa*, eine heilige Pfeife, trägst, kannst du zusätzlich einen kleinen

Pfeifenständer basteln: Nimm zwei Y-förmige Stöcke und lege einen anderen quer darüber in das Y, um die Pfeife zu halten, die mit ihrem Pfeifenkopf den Boden berührt.

Nachdem du die Vertiefung gegraben und die heiligen Gegenstände auf den Altar gelegt hast, sammele alle „Stehenden" (das Holz) sowie alles andere, das du für die Zeremonie benötigst, und lege sie in den Kreis. Dabei achte darauf, dass alles, einschließlich deiner selbst, mit Salbei- oder Zedernrauch eingeräuchert worden ist. Arrangiere das Zündmaterial und das Holz in der von dir gewählten Form – als Pyramide, Tipi oder in einer Kombination von beiden. Bevor du das Zündmaterial anzündest, lade alle vier Himmelsrichtungen (Winde) als Teilnehmer in die Zeremonie ein. Gib jedem eine Prise Maismehl oder Tabak als Dank für ihre Anwesenheit; dann gib eine Prise für oben (den Schöpfer) und unten (Mutter Erde) und für alle guten Geister, Vorfahren und Krafttiere; dabei danke ihnen dafür, dass sie die Rolle der Türhüter übernehmen, die jedwede Negativität oder bösen Geister vom Eintreten in den Kreis abhalten. Schließlich verwende ein Streichholz oder eine andere Flamme, um das Zündmaterial anzuzünden; sprich dabei ein Dankgebet für die Teilnahme des Feuergeistes an der Zeremonie. Während das Zündmaterial Feuer fängt und du kleine Holzstücke auf die Flamme legst, lausche dem Gespräch der Flamme mit dem Zündmaterial und dem Holz, das eine Nachricht darüber gibt, ob die Zeremonie eine gute ist. Bete oder singe mit dem Feuer und den „Stehenden", dem Holz; übermittele dabei ihnen und allen Wesen die besten Wünsche und lade Heilung, Gesundheit, Einheit und das Scheinen positiven

Lichtes in der Welt ein. Wenn das Feuer, die Himmelsrichtungen und die „Stehenden" (das Holz) alle mit deinem inneren Zustand und deiner Absicht übereinstimmen, dann wird das Feuer schnell wachsen.

Jedes heilige Feuer hat seine eigene Energie, die sich in seinen Charakteristika zeigt, etwa wie viel Rauch da ist, aus welcher Richtung er kommt und wo das Feuer am hellsten brennt. Ein Feuer mit viel Rauch ist weiblich und wird die Qualitäten von Sanftheit, Mitgefühl und Nach-Innen-Gewandtsein besitzen; ein relativ rauchfreies Feuer ist männlich, wird heiß sein, schnell brennen und dabei viel Licht für das Aufdecken von Wahrheiten und das Bereitstellen von Einsichten bieten. Ein Feuer, das gleichmäßig in alle Richtungen brennt, wird harmonisch sein. Eines, das am schnellsten auf der Ostseite brennt, wird dagegen neues Wissen und neue Perspektiven einleiten; eines, das am schnellsten im Süden brennt, wird Heilung fördern; im Westen wird es zur Selbstprüfung einladen und im Norden wird es Wahrheiten darbieten, die schwierig anzunehmen sein mögen, oder tiefe Einsichten und Weisheit. Ein heiliges Feuer wird häufig für eine Mischung dieser Energien sorgen, da die Winde wehen und die Flammen sich mit der Zeit verändern.

Wenn du das heilige Feuer angezündet hast, verlasse den Kreis nicht, ohne die Erlaubnis des Feuers zu erbitten. Frage einfach laut oder leise: „Habe ich die Erlaubnis, für einen Augenblick auszutreten?" – und warte auf die Antwort. Du wirst eine Antwort fühlen, die fast immer lautet: „Erlaubnis erteilt." Solltest du aus irgendeinem Grund ein „nein" erhalten, schaue dich um und korrigiere, was nicht in Ordnung ist, dann warte, bis dir die Erlaubnis erteilt wird. Wiederhole diesen Ablauf, wenn du wieder in den Kreis trittst. Gehe immer durch den Osten hinaus, wenn du das Feuer verlässt, und gehe dabei rückwärts, so dass dein Rücken nie respektlos dem Feuer zugewandt ist. Wenn du den Kreis betrittst, tue dies vom Osten her und vollführe eine komplette Drehung im Uhrzeigersinn, bevor du in den Kreis trittst; das Drehen im Uhrzeigersinn ehrt das Feuer und die Himmelsrichtungen und trägt dazu bei, dass die Energie des Kreises auf die richtige Art und Weise fließt. Wenn du einen Fehler machst, etwas Gedankenloses tust oder dich aus irgendeinem Grund schlecht verhältst, während du dich im Kreis befindest, bitte einfach das Feuer um Vergebung, indem du ihm die negative Energie übergibst; es wird sie dann in positive umwandeln. Oder gib eine Prise gemahlenes Zedernholz ins Feuer und bitte um Vergebung für jedweden Verstoß von dir oder anderen. Wirf niemals Abfall in das Feuer oder lege etwas ohne heilige Absicht hinein.

Wenn die Zeremonie beendet ist, gestatte dem Feuer auf natürliche Art und Weise, ohne es mit Wasser zu übergießen, auszugehen und bleibe bei ihm, bis es völlig erloschen ist. (Beachte aber Sicherheitsvorkehrungen: Folge den Richtlinien auf öffentlichen Ländereien, und wenn du aus irgendeinem Grund nicht bei dem Feuer bleiben kannst, bis die Glut über den Punkt des erneuten Entfachens hinaus abgekühlt ist, dann verwende Wasser, um es völlig auszulöschen.) Sofern der heilige Kreis nicht als fester Kreis beibehalten wird, sollte nach der Zeremonie die Erde vom Altarhügel wieder in die Vertiefung zurückgegeben werden und das Land so hinterlassen werden, wie es gefunden wurde. Der Kreis kann energetisch zerlegt werden, indem man den gleichen Weg wie zuvor viermal gegen den Uhrzeigersinn geht und Mutter Erde und allen Wesen dafür dankt, dass sie das Stattfinden der Zeremonie erlaubt haben.

Ebenso wie eine einzelne, in totaler Dunkelheit glühende Kerze weit über ihre kleine Größe hinaus Licht zu geben scheint, so reicht ein heiliges Feuer jenseits von Zeit und Raum ins Universum hinein. Durch das Anerkennen und Verschmelzen mit seiner Kraft wirst du des Schöpfers Kraft in dir selbst stärker wahrnehmen.

### Zeremonie: Us'ste'lisk (Visions-Suche Heiliges Feuer)

In verschiedenen Stämmen Nordamerikas wurden junge Menschen oft auf Visions-Suchen oder zum Pfeifen-Fasten geschickt, wobei sie Tage ohne Nahrung oder Wasser verbrachten, um Visionen und Einsichten über sich selbst und die Welt zu erhalten und mit dem Geist zu kommunizieren. In einer Tradition der Cherokee – *us'ste'lisk* genannt – wird die Visions-Suche unter Verwendung von Feuer gestaltet: Die Kraft für die Visionen oder Einsichten kommt dabei durch das heilige Feuer. *Us'ste'lisk* kann jederzeit von jedem, der Visionen, Einsichten oder Heilung sucht, angewendet werden.

Die Dauer von *us'ste'lisk* wird davon bestimmt, wie lange es dauert, bis sich die Vision oder die Einsichten einstellen; die Visions-Suche kann ein paar Stunden, einen Tag, ein paar Tage oder eine Woche dauern. Der Ablauf ist im Wesentlichen der gleiche wie der für das Abhalten von Zeremonien mit heiligem Feuer, nur dass du hier dreizehn Flusssteine („Großväter") aussuchst, um den Kreis zu gestalten, und dass du im Kreis verbleibst, bis das Fasten vorüber ist – abgesehen von den Momenten, wenn du mehr Holz für das Feuer holen gehen musst. Wenn irgendwelche negativen Gedanken, Erinnerungen oder Bilder in dein Bewusstsein dringen, gib sie an das Feuer ab, indem du einen Stock hältst und ihre Energie auf geistigem Wege durch diesen hindurch in das Feuer schiebst oder indem du eine Affirmation sprichst, wie etwa „Ich gebe dir dies, Schöpfer! Ich danke dir für deine heilende Energie und Einsicht!" Dann fühle, was dir das Feuer (der Schöpfer) im Gegenzug gibt. Sprich mit dem Feuer und lausche der Nachricht, die es durch sein Knistern und Prasseln zurückgibt. Beobachte die Flammen, um zu sehen, was ihre Formen dir erzählen oder worauf die Kohlen hindeuten.

Du wirst wissen, wenn die Visions-Suche vorüber ist. Erlaube dem Feuer, auf natürliche Weise zu sterben. Schließlich bringe die „Großväter" (die Steine) mit Dank zurück in die Wildnis.

*Aus dem Energie-Notizbuch:*
*Den Mund richtig halten*

Heilige Feuer haben ihr eigenes Wesen und ihre eigene Persönlichkeit. Als ich zum Beispiel einmal in einer Phase, in der ich über einen Zeitraum von Tagen ständig Zeremonien abgehalten hatte und gestresst und frustriert war, ein heiliges Feuer für eine Zeremonie vorbereitete, konnte ich es nicht zum Brennen bringen, obwohl das gesamte Holz trocken war und gut hätte brennen sollen. Während ich mit dem Feuer kämpfte, kam ein Stammesmitglied vorbei und wollte zuschauen. Ich ging hinüber zu ihr und erklärte: „Ich habe Probleme. Bitte stelle dich für einen Augenblick hinter den Tipi. Ich muss mich erst selbst in die richtige Verfassung bringen, bevor ich dies hier richtig machen kann." Sie tat dies, woraufhin ich mich bei dem gestapelten Feuerholz niedersetzte, um mich zu sammeln.

Plötzlich hatte ich eine Erinnerung aus meiner Kindheit, an einen alten Mann, der mich immer zum Fischen mitnahm. Eines Tages saßen wir im Boot in einem Rückstau abseits eines Flusses: Mit nahezu jedem Wurf zog der alte Mann eine große, fette Brasse aus dem Wasser, während ich nichts fangen konnte, nicht einmal mit seinen Ködern. Schließlich schaute er zu mir hinüber, lachte und sagte: „Du hältst deinen Mund nicht richtig."

Verblüfft beobachtete ich ihn und merkte, dass er ohne Anstrengung fischte, fast faul die Leine warf und sich erlaubte, sich dieser Handlung völlig hinzugeben, so als ob er eins mit dem Fluss war. Ich schaute mich um und mir wurde nun zutiefst bewusst, wie sanft sich das Wasser in der Brise kräuselte, wie hell die Sonne schien, die Vögel sangen, wie blau der Himmel war, wie sanft das Boot schaukelte – alles bildete ein bewegendes Schauspiel natürlicher Schönheit. Während ich davon eingenommen war, fühlte ich einen Ruck an der Leine und zog eine fette Brasse herauf. Während es mir nun egal war, ob ich einen Fisch fing und nur den Tag genoss, fiel mir auf, dass sich mein Korb langsam zu füllen begann.

Nach dieser Erinnerung schaute ich auf das sorgfältig aufgestapelte Feuerholz, das die Kraft des Schöpfers für diese Zeremonie bereitstellte, und lachte. Ich erkannte, dass der Geist des Feuers nur darauf wartete, dass ich aus dem Weg ging! „Danke, Schöpfer, für diesen wundervollen Tag und die Gelegenheit, diese Zeremonie für Menschen zu gestalten", flüsterte ich mit Dankbarkeit. Damit strich ich ein Streichholz an, und das heilige Feuer flammte hoch auf, so als ob seine Energien angestaut gewesen wären. Die Zeremonie verlief ohne Fehler und entwickelte sich auf ihre eigene Weise und in ihrer eigenen Zeit, so wie es auch gedacht war.

## Wasser

Auch wenn manche Menschen denken, dass Steine oder Erde die älteste Substanz auf dem Planeten waren – bevor es irgendwelche Landformen gab, bedeckte Wasser die Erde. Alle Weisheitstraditionen und viele Kulturen haben Mythen und Legenden darüber, wie Land von Wasser geformt wurde; und in der Tat besteht jedes Lebewesen in erster Hinsicht aus Wasser und kann als energetisches, mit Wasser gefülltes Netzwerk gesehen werden. Alles Wasser, das jemals auf Erden existiert hat, ist auch jetzt hier – in Flüssen, Bächen, Seen, Meeren, Wolken, Luft und in allen Lebewesen –, und als Verwalter der Erde ist es unsere Aufgabe, sicherzustellen, dass es sauber gehalten, respektiert und geehrt wird, statt verschmutzt und ausgeplündert zu werden.

Darüber hinaus sind es die Menschen, die dem Wasser seine Ausrichtung geben. Es ist nachgewiesen, dass Gedanken und Emotionen, wie Ärger, Eifersucht, Liebe, Mitgefühl und Vergebung, in der Tat die Kristallstruktur gefrorenen Wassers oder Eises bestimmen.[1] Die Fähigkeit des Körpers, Energien zu lenken, die den chemischen Aufbau des Wassers verändern, ist insbesondere in kinesiologischen Studien gut dokumentiert worden. Eingeborene Völker rund um die Welt wissen dies seit Jahrtausenden. In alten Zeiten, wenn Menschen über ihrem Essen beteten, dann umfassten sie nicht einfach ihre Hände und dankten für die Nahrung, sondern benutzten tatsächlich ihre Hände – die Chakras oder Energiezentren der Handflächen –, um die Schwingungsrate der ebenfalls weitgehend aus Wasser zusammengesetzten Nahrung zu verändern, indem sie der heilenden Kraft des Schöpfers erlaubten, ihre chemische Zusammensetzung zu verändern. Diejenigen, die beim Segnen der Nahrung die größte Heilkraft durch ihre Hände channeln konnten, wurden als heilige Menschen anerkannt – denn sie hatten die Fähigkeit, die Nahrung für Körper, Geist und Seele zu reinigen. In der Zeit vor Pasteurisierung, Homogenisierung und künstlichen Konservierungsstoffen wurden solche Gebete über der Nahrung als eine Sache von Leben und Tod betrachtet, nicht nur als oberflächliche Geste des Danks.

In der Tat sollte man, bevor man etwas in den Mund steckt – sei es feste Nahrung oder Wasser –, es zunächst auf folgende Art und Weise segnen: Halte deine Hände über die Nahrung oder das Wasser und sprich ein Gebet wie dieses:

*Ich danke dir, Schöpfer, und dir, Mutter Erde, dafür, dass ihr diese Substanz bereitstellt. Möge sie als Nährung unserer Körper dienen und als Energie zur Heilung, Gesundheit und Einheit aller unserer Verwandten hinausgehen. Aho.*

Der zugrunde liegende Glaube für dieses Gebet hat zwei Komponenten: Erstens können Keime und Viren in Nahrung und Wasser mit einer hohen Schwingungsrate nicht überleben, und zweitens wird Nahrung und Wasser so einfacher in Energie umgewandelt, die der Körper benötigt.

Das Segnen kann Nahrung und Wasser nicht nur durch die Veränderung seiner Zusammensetzung reinigen, es kann sie auch in andere Substanzen umwandeln – wie beispielsweise Wasser in Wein. In der Bibel erzählte Jesus seinen Jüngern, dass sie das Gleiche tun könnten wie er, und er wollte sie lehren, damit sie es anderen lehren konnten. In der Tat wandelte Petrus über Wasser, bis er daran zu zweifeln begann und sank (Matthäus 14: 25 – 33). Einer meiner Lehrer, ein Lakota-Medizinmann, sprach davon, wie er in einem Reservat aufwuchs, in dem es keine Nahrung gab. Sein Vater, ebenfalls ein Medizinmann, schuf Nahrung aus Energie, die sie alle aßen und damit nicht nur überlebten, sondern sogar an Gewicht zulegten. Viele spirituelle Meister, wie Yogis und heilige Lehrer, haben Nahrung aus Energie manifestiert. Tatsächlich kann dies jeder mit der entsprechenden Absicht tun – durch das Übernehmen der Kontrolle über alle energetischen Systeme des Körpers und den Glauben an die Umwandlung. Er muss dazu im Frieden mit sich selbst sein und daran denken zu fragen, ob die verwandelte Energie damit einverstanden ist, auf diese Weise genutzt zu werden.

Mit anderen Worten, wenn wir dem Geist folgen, können wir einfach durch unsere Absicht und dadurch, dass wir es geschehen lassen, Nahrung oder Wasser von einer Substanz in eine andere verwandeln. Wenn du beispielsweise bereits voll entwickelte Handflächen-Chakras besitzt, sei es durch Reiki-Einstimmung oder Handauflegen, kannst du eine Zitrone zur einen Seite liegen und ein Glas gereinigtes Wasser zur anderen Seite stehen haben, dann in dich gehen und die Essenz der Zitrone durch dich in das Wasser übertreten lassen. Dies wird auf die folgende Art und Weise getan: Lege die Zitrone auf eine Arbeitsfläche in der Küche links von dir und ein Glas Wasser rechts von dir; halte deine linke Hand mit nach unten geöffneter Handfläche ein paar Zentimeter über die Zitrone und deine rechte Hand ebenso über das Glas Wasser; fühle oder nimm die Energie der Zitrone mit deiner linken Hand auf; leite diese Energie durch deine rechte Hand; dann schmecke das Wasser. Unsere energetischen Schwingungen haben eine solche Wirkung auf eine Substanz, dass Langzeit-Alkoholiker die Schwingung von Alkohol häufig so sehr in ihrem Energiesystem eingelagert haben, dass selbst lange nach ihrer Gesundung vom Alkoholmissbrauch das reine Halten eines Glases voll Wasser dazu führen kann, dass das Wasser nach Alkohol schmeckt.

Ähnlich können ätherische Öle, die von aromatischen und medizinischen Pflanzen stammen, eine Wirkung haben, ohne innerlich eingenommen zu werden. Man hält sie einfach in der Hand und lässt ihre Schwingung heilen, wo Heilung notwendig ist.

In der Zeremonie wird Wasser, über dem gebetet wird, zu heiligem Wasser, das ein mächtiges Mittel zur Reinigung und Heilung sein kann; es wird für solche Zwecke in der Tat in nahezu jeder religiösen Tradition verwendet. Die Ergebnisse sind positiv, denn wenn wir etwas heilen, verwandeln wir in erster Hinsicht Wasser, wie es sich durch die energetischen Muster der Person oder des Gegenstandes ausdrückt, die behandelt werden. Zeremonien, welche die Schwingungsraten aller Teilnehmer erhöhen, da die Menschen zum größten Teil aus Wasser bestehen, sind tatsächlich ein wirksamer Weg, um jedem innerhalb des heiligen Kreises und darüber hinaus zu helfen. Wenn wir eine Zeremonie zum Reinigen von Wasser abhalten, halten wir eine Zeremonie für die gesamte Welt ab, die durch Wasser verbunden ist. Der Geist des Wassers durchdringt alles.

## Zeremonie: Heilschale/Traumschale

Ob mit großen Gruppen oder privat, wenn man Zeremonien wie beispielsweise *us'ste'lisk* abhält, sollte man an die Kraft des Gebetes zum Verwandeln von Wasser denken. Eine einfache Zeremonie, um Wissen für das Heilen von sich selbst und anderen zu gewinnen, lässt sich mit einer Heilschale/Traumschale gestalten. Nimm eine Schüssel – entweder eine normale Schüssel für Nahrung oder eine speziell ausgewählte oder für diese Zeremonie hergestellte –, fülle sie mit Leitungswasser und stelle sie auf den Altar oder in den Kreis oder in das Medizinrad, wo die Zeremonie stattfindet. Die Kraft der Zeremonie selbst wird das Wasser segnen und es zu heiligem Wasser machen. Dieses Wasser kann dann für andere Zeremonien verwendet werden: Eine Namensgebungszeremonie für einen Säugling; eine Reinigungs- und Segnungszeremonie für Menschen, indem Mariengras hineingetaucht wird und das Wasser dann über die Teilnehmer versprengt wird oder das nasse Ende des

Mariengrases über die Chakras der Brauen oder des Dritten Auges gestrichen wird; oder eine Heilungszeremonie, um Negativität vom Körper einer betroffenen Person zu entfernen.

Dieser Wasserbehälter kann auch als Traum- oder Weissagungsschale verwendet werden. Im Altertum stellten die Cherokee-Frauen, wenn sie sich in ihrer „Mondzeit" (der Menstruationsphase) befanden, oft eine solche Schüssel voll Wasser neben ihre Betten; wenn sie dann während der Nacht aufwachten, blickten sie hinein, um prophetische Visionen zu erlangen. Auf ähnliche Weise kann die Schale direkt nach dem morgendlichen Aufwachen von jedem verwendet werden, um Visionen oder Einsichten hervorzurufen. Es ist hilfreich, die aus der mit Wasser gefüllten Schale gewonnenen Eindrücke für spätere Überlegungen niederzuschreiben.

*Aus dem Energie-Notizbuch:*
*Zum Wasser gehen*

Unter den Cherokee glaubt man, dass das Wasser einstmals die einzige lebende Substanz war, von der alles andere Leben abstammt, und dass es deshalb große Macht hat. In der Vergangenheit praktizierten die Cherokee nach dem Aufstehen traditionsgemäß das „zum Wasser gehen", das siebenmal vollständig in einen nahe gelegenen Bach oder eine andere Wasserquelle Eintauchen – ob Regen oder Sonnenschein, Sommer oder Winter. Sie brachen selbst Eisschollen auf, um zum Wasser zu gelangen. Diese Praxis erstaunte frühe weiße Siedler, die nicht sehr häufig badeten. Die meisten Indianer hielten die Europäer für schmutzig, insbesondere da ihre eigenen

Geruchssinne durch das Leben in der Natur sehr sensibel waren.

Diese Praxis des „zum Wasser Gehens" geschah allerdings nicht nur zu hygienischen Zwecken, sondern war auch ein spiritueller Akt, der abgehalten wurde, um Körper, Geist und Seele zu reinigen. Eine moderne Cherokee-Indianerin fragte mich einmal, ob sie sich dadurch, dass sie nicht wie ihre Vorfahren „zum Wasser ging" nicht traditionsgemäß verhielt; in der Nähe ihres Hauses gab es nämlich keine Bäche. „Duschst du?", fragte ich. „Natürlich", sagte sie. Dann, sagte ich ihr, spiele es keine Rolle, ob das Wasser einen Bach hinunter oder durch Metallrohre fließe, sofern der Akt des „zum Wasser Gehens" auf eine ehrerbietige Art und Weise, mit Dankbarkeit an den Schöpfer erfolge und damit Körper, Geist und Seele gereinigt würden. Es ist angenehmer für die Sinne und inspirierender für den Geist, von Felsen, Hügeln, Himmel und Wolken umgeben zu sein, wenn wir „zum Wasser gehen", doch wir müssen das annehmen, was uns gegeben wird. Obwohl energetisch gesehen das Eintauchen in Wasser als solches eine gesunde Sache ist, da sowohl der physische Körper als auch der Geistkörper gereinigt werden, so ist dies noch besser, wenn wir es mit Freude tun, da wir das Wasser selbst dadurch ehren, wo auch immer dies sein mag. Indem wir das Wasser respektvoll behandeln, erlauben wir ihm nicht nur, uns zu reinigen, sondern auch die Erde zu heilen, denn es kreist vom Land zum Himmel zum Land, zwischen allen Wesen.

## Erde

Unter den Mächten ist keine gewaltiger als Mutter Erde. Oftmals „Gaia" genannt, ist die Erde ein lebendiges Wesen, das alle Elemente umfasst – Feuer, Wasser, Erde und Luft. Alle Dinge auf Erden kommen von Mutter Erde. Ihr Herz ist Feuer, wie das des Schöpfers, so heiß, dass ihr geschmolzener Kern flüssiger Stein ist. Ihr Blut ist Wasser, das in Bächen, Flüssen und Ozeanen fließt; und ihre Tränen sind Regen, die das Wachstum möglich machen und alles rein waschen. Ihr Körper ist Erde, eine lebende Substanz, die Leben gibt. Sie atmet, wie wir es tun, mit den Winden, die den Globus umkreisen; sie atmet ein und aus durch Pflanzen und Bäume, die ihren Atem reinigen und bereichern. Sie schenkt uns alles: Feuer und Schutz vor der Kälte, ebenso wie Schatten und kühle Brisen, um uns Erleichterung von der Hitze zu verschaffen; Nahrung in Form von Pflanzen und Tiervölkern, die sich opfern, damit wir leben können; Wasser für uns zum Trinken; Materialien, aus denen wir Kleidung gestalten, Häuser bauen und sogar uns selbst auf kreative Art und Weise unterhalten können.

Da alle Dinge auf dieser Welt von Mutter Erde in Verbindung mit dem Schöpfer stammen, beginnen wir jede Zeremonie damit, ihr Dank zu sagen, um unser Herz für Wunder zu öffnen. Während der Zeremonie denken wir dann an verschiedene Energien der Erde, um das Potenzial für Selbstfindung oder Heilung zu fördern. Wenn wir an die Erdenergie denken, denken wir naturgemäß an die Erdanziehungskraft, doch die Kraft der Erde reicht weit darüber hinaus. Ein Aspekt der Erdenergie kann als zwei Spiralen gesehen werden, eine, die sich nach außen dreht, eine andere, die sich nach innen dreht. Die auswärts drehende Spiralenergie spiegelt sich in solchen Dingen wie das Keimen einer Saat mit seinem nach oben, nach außen gerichteten Potenzial. Die andere Spirale kann in solchen Dingen wie das Verblühen und Sterben einer Pflanze gesehen werden, die Mutter Erde in sich zurückzieht.

Ein zweiter Aspekt der Erdkraft ist die Gewalt oder das Chaos, wie es sich in vulkanischer Aktivität widerspiegelt. Ein dritter Aspekt der Erdkraft ist Magnetismus und Erdanziehungskraft, die jedes Mal demonstriert wird, wenn die Erde Dinge zu sich zieht.

Beim Gestalten einer Zeremonie kann man mehrere Techniken verwenden, um den Ausdruck der Erdkraft zu optimieren. Eine davon ist, Symbole in Verbindung mit der Erdenergie zu verwenden, so wie beispielsweise das Kreuz und den Halbmond. Dieses sind zwei der bekanntesten Symbole, aufgrund ihrer Verbindung mit dem Christentum und dem Islam, doch auch sie waren bereits den indianischen Kulturen bekannt. Das Kreuz repräsentiert die Wahl verschiedener Lebenswege: Einer wird häufig die Rote Straße genannt, die für Einheit steht; und der andere die Schwarzweiße Straße, die Teilung repräsentiert.[2]

Der Halbmond symbolisiert sowohl Potenzial als auch manifestierte Energie, oder das, was noch enthüllt werden kann, und das, was bereits enthüllt ist. Wenn in der Zeremonie ein Kreuz verwendet wird, wird die Energie direkt und vielleicht sogar auf Konfrontation ausgerichtet sein sowie Dualitäten anzeigen; wenn ein Halbmond verwendet wird, kann es einige unerwartete

Ergebnisse geben, und weitere versteckte Aspekte können später enthüllt werden – dies bekräftigt die ewige Wahrheit, dass nicht alles bekannt sein kann.

Eine besonders wirksame Verwendung dieser Symbole kann in einem Sandbild gesehen werden. Sandbilder können einfach sein und nur die entworfenen Symbole darstellen oder kunstvoll mit vielen Farben gestaltet sein. Sie können aus Sand, verschiedenen Erden, oder Lehm verschiedener Farben gemacht sein, die auf respektvolle Art und Weise gesammelt wurden. Doch sind sie immer in Harmonie mit der Erde geschaffen und anschließend dem Schöpfer und Mutter Erde mit Segenswünschen und ohne Bedauern geschenkt worden. Selbst solche außerordentlichen Kunstwerke, die mit sorgfältigsten Anstrengungen in vielen Stunden der Handwerkskunst hergestellt worden sind, dürfen nach der Zeremonie verblassen oder verstreut werden, so dass sie eins mit der Erde werden. Sie ohne Bindung freizugeben, verleiht der Zeremonie weitaus mehr Kraft.

Als Vorbereitung für das Legen eines Sandbildes sammele zunächst respektvoll Sand, Erde oder Lehm, zum Beispiel an der Böschung eines Baches mit frischem, klar fließendem Wasser, und hinterlasse dafür im Gegenzug Maismehl oder Tabak. Städter können Sand beispielsweise von einem Tiergeschäft kaufen, sollten aber vor seiner Verwendung Wasser hindurch laufen lassen, mit der Absicht, alle Energien zu klären, und den Sand dann in der Sonne zur Segnung trocknen lassen. Dort, wo die Zeremonie abgehalten werden soll, entferne alle Vegetation von der Erde in Form eines Kreises – vielleicht innerhalb deines Platzes für Feuer-Zeremonien.

Male ein Symbol mit einem Zweig oder einem Federkiel und grabe die Erde aus der Mitte dieses Symbols heraus; entferne etwa sechs Millimeter Erde, wenn das Symbol dreißig Zentimeter lang ist, oder zweieinhalb Zentimeter, wenn das Symbol etwa einen Meter lang ist. Schließlich fülle das Symbol mit dem heiligen Sand und halte die Zeremonie ab: Kraft und Ergebnis derselben werden von der Energie der Erde beeinflusst werden.

Ein zweiter Weg, die Erdenergien zu nutzen, ist das Schaffen eines festen öffentlichen Ortes für das Abhalten von Zeremonien. Die meisten eingeborenen Völker haben derartige Orte, gewöhnlich einen *Arbor* (eine Laube, einen Wind- und Wetterschutz aus Holz) oder einen Steinkreis, wie etwa ein Medizinrad. Ein *Arbor* ist ein heiliger Kreis von gewöhnlich fünfzehn Meter Durchmesser oder mehr, der von hölzernen Leisten eingegrenzt ist und in der Mitte eine Vertiefung für eine feste Feuerstelle und einen festen Altar besitzt. Die Feuergrube selbst kann einen kleineren, von Holz oder Steinen begrenzten Kreis enthalten, der nur von den Stammesältesten, dem Feuerwächter oder denjenigen, die Opfergaben für das heilige Feuer bringen, betreten werden darf.

Die in verschiedenen Formen rund um die Welt gefundenen Steinkreise wurden höchstwahrscheinlich von Medizinleuten oder Priestern für heilige Zeremonien verwendet. Einige besitzen Reihen von Steinen, die strahlenförmig in die Himmelsrichtungen und zu besonderen Merkmalen von Himmel und Erde (wie etwa die aufgehende Sonne, dem aufgehenden Mond oder Himmelskonstellationen) hinführen, und damit Verbindungen zu Sternwesen und Sternnationen für überirdische Orientierung herstellen. Andere sind ausgeklügelter, mit innen eingebauten „Toren" und gelegten Steinen, die bestimmte Energien oder Geister für verschiedene Zwecke, wie zum Beispiel Opfer, repräsentieren sollen.

Ähnlich der übrigen Steinkreise weltweit sollte die Position eines festen öffentlichen Medizinrads, in dem Menschen Trost finden und Zeremonien oder Meditationen abgehalten werden können, mit Sorgfalt gewählt werden. Gehe über dein Land und suche nach einem Platz, wo die Landformen zusammenzulaufen scheinen oder verschiedene Elemente der Natur, wie Hügel oder Wasser, sich in perfektem Verhältnis zueinander zu befinden scheinen. Wenn du solch einen Kraftort findest, wirst du es in deinem Herzen spüren; dein Verstand wird klar sein; deine Hände mögen prickeln; die Rufe der Vögel mögen lebhafter sein, die Farben um dich herum intensiver. (In alten Zeiten wurden Steinkreise häufig entlang der Energielinien der Erde, der Ley-Linien, gebaut, wo die Kraft der Landschaftsmerkmale am stärksten war.) Hier solltest du den Mittelpunktsstein oder die Feuervertiefung platzieren und den Altar bauen. Zuvor jedoch lasse den Ort von einem Medizinmenschen oder einer heiligen Person segnen, um den heiligen Raum zu schaffen und sicherzustellen, dass er kraftvolle Energie besitzt.[3]

Das Medizinrad könnte einen Durchmesser von fünfzehn bis dreißig Meter und vier Öffnungen („Tore") von zwei Steinen an jeder der Hauptrichtungen haben, um den Kräften der Himmelsrichtungen ebenso wie den Menschen für ihre Geh-Meditationen Zutritt zu gewähren. Weil Menschen das Medizinrad durch das östliche Tor betreten werden, sollte dieses einen besonderen Stein neben dem Eingang liegen haben, vielleicht direkt links außen.

Dieser Stein erfüllt zwei Funktionen: Er markiert den Ort, an dem Salbei und Wasser bereitgestellt werden können, damit die Menschen sich vor Betreten des Kreises reinigen können, und er kann als „Torwächter" dienen, um böse Geister draußen zu halten und gute in den Kreis einzuladen.

Da es ein öffentlicher Kreis ist, würde es die Energie und den vereinigenden Aspekt des Kreises zudem verstärken, wenn Menschen eingeladen würden, Steine mitzubringen und hinzulegen; auf diese Art und Weise bauten die eingeborenen Völker der Vergangenheit Denkmäler – jede Familie oder Gruppe brachte dazu Körbe voll Erde oder Steine von daheim mit. Wenn die Zahl der Steine so weit ansteigt, dass sie den für den Ring zur Verfügung stehenden Platz übersteigt, dann könnt ihr das Gleiche wie die alten Völker tun und einen neuen Kreis, vielleicht dreißig Meter entfernt, beginnen. Dieser würde ein Ereignis kennzeichnen, wie beispielsweise den Sonnenaufgang zur Sommer- oder Wintersonnenwende oder zur Frühlings- oder Herbst-Tagundnachtgleiche, wie er vom Mittelpunktsstein aus gesehen wird, oder das Aufgehen eines Sternensystems, wie Orion oder die Pleiaden, die viele Stämme, einschließlich der Lakota und Cherokee, als Vorfahren ehren.

Um den zentralen Stein in der Mitte kannst du einen weiteren kleineren Kreis für eine Meditationsfläche legen, und diesen neuen Kreis vielleicht mit zerstoßenen Steinen ausfüllen, sofern keine zentrale Feuerstelle geplant ist. Wenn das Medizinrad sowohl als Meditations- wie auch als Zeremonienraum verwendet werden soll, kann die Feuerstelle im inneren Kreis der zerstoßenen Steine platziert und offen gelassen werden, wenn sie nicht gebraucht wird.

Niedrige Steinbänke für Leute, die meditieren wollen, könnten das Feuer kreisförmig umgeben.

Das Protokoll für den Gebrauch des Medizinrads ist folgendermaßen: Vor dem Betreten muss jeder Einzelne am Osttor anhalten, um sich mit heiligem Salbeirauch und durch das Ausstreichen des Körpers mit in sauberes Wasser getauchten Händen zu reinigen. Nach dem Eintreten in das Medizinrad geht er von rechts nach links, zum Süden, im Uhrzeigersinn um den Kreis, hält an jedem Tor an, dankt der Macht oder dem „Wind" der Himmelsrichtung und fühlt im Gegenzug die Bestätigung der Macht. Jeder Einzelne kann sich dann nach seiner persönlichen Eingebung bewegen oder dem zentralen Stein in der Mitte, dem Stein des Schöpfers, oder der heiligen Feuerstelle seine Ehrerbietung erweisen und dort meditieren oder an der Zeremonie teilnehmen. Nach dem anfänglichen Reinigen, dem Eintreten und der Anerkennung der Richtungen können die Menschen durch jedes Tor wieder austreten. Hierfür müssen sie im Uhrzeigersinn (oder in Richtung zur Sonne) von rechts nach links gehen, das Gesicht dem zentralen Stein in der Mitte zugewandt, und rückwärts hinausgehen, damit sie dem Stein nicht ihren Rücken zudrehen.

Zu Zeremonien kann ein Feuer auch in einer Feuerstelle auf der Ostseite des zentralen Steins errichtet werden und damit das Feuer des Schöpfers repräsentieren. Bei solchen Gelegenheiten sollte jemand ausgewiesener Feuerwächter sein, um das Feuer respektvoll zu entzünden und sich Tag und Nacht darum zu kümmern, bis die Zeremonie vollendet ist. Daraufhin wird dem Feuer dann gestattet, von selbst zu erlöschen. Die heilige Asche kann von Teilnehmern für die Verwendung für Zeremonien daheim oder zum Tragen im Medizinbeutel mitgenommen werden.

Ein solches Medizinrad kannst du als Wegweiser dafür verwenden, um Einsichten in Situationen und Antworten zu verwirrenden Fragen zu erlangen. Dazu schreibe zunächst eine Frage nieder und stecke sie in deine Tasche. Als Nächstes betritt respektvoll den Kreis und schreite ihn einmal ab, ehre dabei jede der Richtungen und danke ihnen für Einsicht und Antworten. Dann gehe langsam weiter im Kreis herum, halte inne, wenn der Geist dich dementsprechend führt, und gestatte Einsichten aufzusteigen. Es wird der Moment kommen, an dem du das Gefühl hast, dass eine Antwort gegeben wurde. Verlasse den Kreis dann auf respektvolle Weise, während du den Richtungen dankst. Selbst wenn es mehrere Stunden oder Tage dauern mag, bevor die Antwort vollständig in dein Bewusstsein dringt, so stellt eine Haltung voller Demut und Respekt sicher, dass Einsichten schließlich kommen werden.

*Zeremonie: Erden. In seine Mitte kommen und reinigen mit der Kraft der Erde.*

Wir können zu jeder Zeit heilende Energie der Erde anzapfen, da die Kraft, die das Leben auf diesem Planeten antreibt, beständig ist. Einige Menschen bemühen sich sehr, sich zu erden und in ihre Mitte zu kommen – mit allen Formen von Ritualen, wie etwa mit Barfuss-Gehen oder mit einer langen Pilgerreise zu einem anderen Ort. Doch dich erden und deine Mitte finden, kannst du überall, drinnen oder draußen, wenn du dich entsprechend anpasst. Die Erdenergie, wie sie durch die Anziehungskraft gespiegelt wird, ist stark und erreicht alle Orte, selbst durch Glas und Stahl. Die Energie der Erde ist stark. Wir müssen nur unsere Körper, unsere

Herzen und unseren Verstand öffnen, damit sie unser Potenzial erfüllen kann. Die folgende Zeremonie kann diesen Vorgang erleichtern.

Lege dich oder setze dich im Schneidersitz auf die Erde oder lehne dich mit dem unteren Ende deiner Wirbelsäule gegen einen Baum und fühle, wie dein Körper eins mit der Erde ist. Fühle beim Einatmen die Erdenergie durch dein Gesäß oder durch deine Füße in deinen Körper treten; beim Ausatmen fühle sie im mittleren Teil deines Körpers, zwischen deinem Unterleib und dem Herzen. Fühle die Kraft in dem Bereich gerade unterhalb des Bauchnabels, im *Hara*, und lasse sie rund um dich herum ausstrahlen. Nun bist du geerdet, in deiner Mitte, eins mit der Erdenergie.

Atme ein und fühle das Licht des Schöpfers, die göttliche Energie, von oben durch den Scheitelpunkt deines Kopfes (das Kronen-Chakra) in dich hineinfließen. Atme aus und fühle die Erdenergie zentriert zwischen dem Unterleib und dem Herzen. Nun bist du eins mit der göttlichen Energie von oben und der Erdenergie von unten, die sich in deinem *Hara* treffen. Energetisch befindest du dich an dem Ort, von dem aus du Zeremonien abhalten, heilen und Energie leiten kannst, nahe oder fern, mit der Hilfe von Geistführern und Engeln, nur dadurch, dass du deiner Aufmerksamkeit gestattest, dorthin zu gehen, wo sie benötigt wird. In diesem Zustand bist du das, was du ursprünglich sein solltest, ein Kind von Himmel und Erde.

Das Reinigen fördert häufig unsere Fähigkeit, die Kraft der Erde zur Heilung zu verwenden. Wenn du Reinigung benötigst, wie etwa nach einem traumatischen Ereignis oder in Vorbereitung für das Abhalten einer Zeremonie, ist der beste Weg hierfür das „Baden" in Salbeirauch, den du von Kopf bis Fuß um deinen Körper fächelst. Wenn du keinen Salbei zur Hand hast, kannst du dich selbst folgendermaßen reinigen: Reibe dir deine Hände, dann greife deine linke Hand mit deiner rechten und ziehe die Energie heraus. Wirf sie auf den Boden, wo sie von der Erde neutralisiert wird. Dann fasse die andere Hand und wiederhole den Vorgang. Als Nächstes blase in deine Hände mit dem Gedanken des heiligsten Lichtes, das du dir vorstellen kannst, die Energie des Nordens, der Vorfahren, der Weisheit und der höchsten Wesen; dann bürste dich selbst mit deinen Händen von Kopf bis Fuß ab und klopfe schließlich mit deinen Handflächen auf den Boden.

Um dich sogar noch gründlicher zu reinigen, verwende Mudras – forme einen Kreis mit dem Daumen und dem Zeigefinger jeder Hand, atme die Erdenergie ein, halte die Luft für etwa dreißig Sekunden in deinen Lungen, dann atme aus, forme einen Kreis mit dem Daumen und dem Mittelfinger jeder Hand und halte die Lungen für dreißig Sekunden leer. Als Nächstes, während du noch immer das zweite Mudra hältst, fülle deine Lungen, halte die Luft für dreißig Sekunden und atme aus; dabei verändere deine Handstellungen zu Ringfinger und Daumen. Wiederhole dies mit dem kleinen Finger und dem Daumen. Jedes Mal, wenn du einatmest, bringe die Erdenergie von unten in deinen Körper; wenn du ausatmest, bringe die Himmelsenergie von oben hinein, während du alle Negativität und Giftstoffe ausstößt und dabei der Erde und dem Himmel erlaubst, dich zu reinigen. Schließlich stelle dir vor, von einer dreidimensionalen Lichtblase umgeben zu sein.

*Aus dem Energie-Notizbuch:*
*Verwende Symbole mit Sorgfalt*

Wir halten monatliche Zeremonien mit Trommeln und dem Medizinrad ab, und gelegentlich – je nach Eingebung – beziehe ich ein Symbol in das Medizinrad ein. Wie beschrieben, sammele ich dann Sand auf respektvolle Weise entlang der Böschung eines Baches und fülle das Symbol damit; dabei forme ich es auf einem irdenen Teller, der im Medizinrad platziert ist. Gewöhnlich ist dieses Symbol der Halbmond. Ich gestatte dem Wissen dann, sich während und nach der Zeremonie zu entfalten. Doch einmal, ich weiß nicht warum, wurde ich dazu geführt, einen fünfzackigen Stern zu verwenden. Die Zeremonie selbst war sehr elektrisch geladen, die Luft schien zu knistern. Die Emotionen der Menschen lagen während der Zeremonie überall sehr offen, manche lachten, manche weinten. In den Tagen nach der Zeremonie fanden folgenschwere Veränderungen im Leben aller Teilnehmer statt: Eine Frau wurde schwanger, eine andere trennte sich von ihrem Ehemann, zwei Leute verliebten sich und fanden ihre Lebenspartner; und bei uns knallte einige Tage danach ein betrunkener Fahrer in unsere vor dem Haus geparkten Autos – was für uns insgesamt nicht nur schlecht war, da niemand verletzt wurde und wir ohnehin überlegt hatten, diese zwei alten Autos zu verkaufen, um dafür ein besseres Fahrzeug zu kaufen; und die Versicherung löste dieses Problem. Der springende Punkt jedoch ist folgender: Die Verwendung dieses Symbols auf diese Art und Weise in einer bereits kraftvollen Zeremonie verstärkte die Energien und

beschleunigte den Wechsel. Symbole sind kraftvoll. Wähle diejenigen, die du benutzen willst, sorgfältig aus und denke daran,
dass ihr Gebrauch Folgen haben wird.

## Luft

Selbst bevor es Wasser und Erde gab, gab es Luft, oder die Qualität, die Luft werden würde. In den Weisheitstraditionen ist die
Luft mit dem Geist, der Lebenskraft und dem Atem verbunden.
In östlichen Kulturen wird dies *ki, qi, chi* oder *jing* genannt, die
Kraft, die belebt und vereinigt. Im Hinduismus nennt man sie
*Prana*, das Lebensprinzip, das, was das Belebte vom Unbelebten
unterscheidet, der lebensnotwendige Atem, der mit dem *Atman*
oder der kosmischen Essenz verbunden wird. Das griechische Wort
*psyche* soll ursprünglich Atem bedeutet haben und bezeichnete
dann den Geist. Der alte ägyptische Gott Amon wurde ebenfalls
mit dem Atem, der mysteriösen Quelle des Lebens, gleichgesetzt.
In Hawai wird sie *ti* oder *ki* genannt; in Polynesien *mana*; und
in Lakota *niyan*, was bedeutet Luft, Lebenskraft, der Atem des
Windes, den wir mit allen lebenden Dingen teilen.

Man kann sich die Kraft der Luft für Zeremonien zunutze machen, da sie in der Übertragung von Worten und Gedankenformen
hilft. Wir halten Luft für leeren Raum, weil sie unsichtbar ist und
sich unsere Körper leicht durch sie hindurch bewegen, doch ist
sie nicht leer, noch ist sie einfach ein dichtes Gemisch von Sauer-
stoff, das gemessen werden kann. Stattdessen ist sie sowohl ein
kristallines Medium entlang unsichtbarer Fäden, das alle Dinge

verbindet und Energie übermittelt, als auch eine Matrix, die den Globus umgibt. Sie ist gleichzeitig eigenständig, von allen Wesen zwischen sich gehalten, und verbindend als eine untrennbare Kraft. Wenn die Alten sagten, sie hörten etwas im Wind, der ihnen erzählte, was jemand gesagt hatte oder was in der Zukunft geschehen könnte, so mag dies nicht ihre reine Vorstellungskraft gewesen sein, sondern eine Widerspiegelung der Macht der Luft, elektromagnetische Kräfte zu übermitteln. Die Stimme ist mehr als nur Schallwellen, die sich durch die Luft bewegen; sie ist eine elektromagnetische Kraft, die Gedankenwellen durch das Medium des Schalls ausstrahlt. Wenn du und ein Freund zweihundert Meter voneinander entfernt geht und du ihm etwas zurufst, dann mag er aufgrund der Dichte der Luft und anderer Geräusche die Worte nicht hören, auf einer anderen Ebene jedoch den Impuls der Gedanken empfangen.

Aus diesem Grund sollten wir vorsichtig sein mit dem, was wir während einer Zeremonie äußern. Nicht nur gibt die Luft den gesprochenen Worten ein neues Leben, sondern die Kraft der Zeremonie stellt eine eigene Energie bereit. Somit haben rituell gesprochene Worte eine Kraft, die über jeglichen normalen Gebrauch hinausgeht. Unter Medizinleuten wird gesagt, dass gesprochene Worte auf zwei Arten gehört werden: So, wie sie von der Person gehört werden, an die sie gerichtet sind, und so, wie der göttliche Geist sie hört, der die Absicht dahinter wahrnimmt. Wenn du beispielsweise deinem Kind sagst: „Fasse den Herd nicht an, du kannst dich daran verbrennen!", dann hört dein Kind die buchstäbliche Bedeutung der Worte und wird den Herd hoffentlich nicht berühren. Doch was der Geist hört, ist die Liebe oder der Ärger hinter den Worten, die implizite Bedeutung. Diese Absicht hinter den Worten ist es, die dem Gebet seine Kraft gibt.

Das Medium der Luft trägt sowohl positive als auch negative Gedankenformen – die durch Gedanken erschaffenen Energiemuster – und gewisse Zusammenstellungen können demnach entweder erbaulich oder schädlich sein. Ein Beispiel einer positiven Gedankenform wäre ein Gebet, dass unsere Zeremonien hinaus in das Universum gehen und jede Person die Zeremonie mit dem Impuls verlässt, freundliche Taten auszuführen, wodurch sich die darin ausgedrückte Liebe in der Welt manifestiert. Jeder Mensch trägt diese Energie in sich, so dass nicht nur sein Verhalten positiv ist, sondern auch seine Haltungen heilend sind – ein Lächeln oder Erleichterung hervorrufen, die Gedanken anderer von Furcht, Ärger oder sie heimsuchenden Sorgen ablenken. Eine negative Gedankenform tritt beispielsweise auf, wenn ein Fahrer jemand anderen versehentlich schneidet, dieser dann seine oder ihre Faust schüttelt und Drohungen äußert. Dieses schafft ein Energiemuster, das den „Missetäter" tatsächlich „schlagen " kann und sogar in dessen Aura (Energiekörper) hängen bleiben kann, bis es schließlich in Form einer Krankheit in den physischen Körper eintritt. In der gesamten Geschichte haben Schamanen gelernt, derartig eingedrungene negative Energie herauszuziehen, damit keine Krankheit entsteht oder, wenn bereits vorhanden, damit sie verschwindet. In den Disziplinen der Energiemedizin, wie etwa beim Reiki, wird das Entfernen dieser hängengebliebenen Gedankenformen „spirituelle Operation" genannt.

Die Tatsache, dass die Luft elektromagnetische Kräfte übermittelt und Gedankenformen weiterträgt, bedeutet, dass bestimmte Orte auf der Erde wie auch die Erde selbst von den übermittelten positiven oder negativen Energien betroffen sein können. Einige Gebiete besitzen positive Energie und sind daher gute Standorte für eine heilige Stätte oder für das Erlangen von Einsichten; dazu gehören bestimmte Formationen von Hügeln und Tälern oder Beziehungen zwischen Wasser und Land. Im Gegensatz dazu gibt es Plätze, die häufig von negativen Energiemustern durchzogen sind, so etwa Orte, an denen oft Blitze einschlagen oder wo Vulkanausbrüche stattfinden. Wie die Natur, so können auch Menschen negative Gedankenformationen an einem Ort hervorrufen, wo natürlicherweise positive wären: Dies geschieht beispielsweise, wenn sie Asphalt über Erde gießen, Wälder kahl schlagen oder planieren, das Land stören oder anderweitig die Erde ins Ungleichgewicht bringen. Solche Ungleichgewichte können gewaltige Zerrüttungen in Form von Erdbeben, Tsunamis oder Orkanen verursachen, wenn die Erde versucht, ihr Gleichgewicht wiederherzustellen. Für die Heilung bestimmter Ungleichgewichte können Zeremonien abgehalten werden: Dort, wo der Asphalt frei fließende Landformen bedeckt hat, könnten zum Beispiel gleichzeitig stattfindende Erlösungszeremonien mit riesigen Medizinrädern von einem Durchmesser von Hunderten von Meilen zelebriert werden.[4]

Die Kraft der Luft wird vielleicht am eindrucksvollsten verwendet, wenn eine heilige Person eine *chanunpa*, eine heilige Pfeife, hält und betet. Dabei wird der Rauch in die Luft geatmet, um jedes Gebet rund um die Erde zu tragen und so die Betenden mit allen Wesen, den sichtbaren und den unsichtbaren, zu verbinden. Wir können alle lernen, Gebete rund um den Globus zu senden, indem wir gute Absichten setzen und laut vom Herzen her beten. Wie das wohlbekannte Beispiel des Schmetterlingseffekts, wo der Flügelschlag eines Schmetterlings in Afrika einen Orkan in Amerika verursachen kann, so können unsere Gebete im Medium der Luft Kraft gewinnen, wenn sie von Herzen kommen. Dabei ziehen sie freiwillig zur Verfügung gestellte Energie aller Wesen – der Felsen, der Insekten, des Wassers, der Hunde, der Pferde, der Geistwesen – an, die sich spiralförmig um die Erde bewegt. Selbst einfache Zeremonien können in diesem Prozess helfen.[5]

*Zeremonie: Gebetsfahnen*

Eine einfache Zeremonie, welche die Kraft der Luft für die eigene Heilung und die Heilung anderer nutzt, ist das Setzen von Gebetsfahnen. Diese müssen nicht kunstvoll sein. Um eine Fahne zu machen, nimm ein Stück Stoff und reiße, während du ein Heilgebet sprichst, einen Streifen ab, schlinge ihn in Knoten zusammen und befestige ihn an einem Baum oder an einem Stock, den du dann in den Boden steckst. Dein Gebet wird vom Wind aufgenommen und dorthin getragen werden, wo Heilung gebraucht wird.

*Zeremonie: Erdheilung*

Um eine Erdheilungszeremonie abzuhalten, schaffe einen heiligen Kreis von vielleicht drei Meter Durchmesser und lege fünf Steine in die Mitte. Lade die Himmelsrichtungen, oder Winde, zur Teilnahme ein; lade die Göttinnen von Himmel und Erde zur Teilnahme ein; bitte deine Engel und Krafttiere zu kommen; und danke all diesen spirituellen Wesen für die Wunder, die sie vollbringen, um die Erde ins Gleichgewicht zu bringen. Dann trommele, singe oder meditiere und verbinde dich dabei mit dem Bewusstseinsnetz der Christus-Energie (der Feder von Quetzalcoatl), der über der Erde gelegenen, sie umspannenden Energieschicht, die die höchsten Formen hält. Setze deine Absicht dahingehend ein, Gleichgewicht und Harmonie zur Erde und allen Wesen zu bringen, und erlaube damit der Erdenergie, sich wieder friedlich entlang der kristallinen Linien der Luft niederzulassen. Innerhalb dieser Matrix erlaube den Himmelspfaden zu den Heiligen, sich zu öffnen, so dass der Weg für die Verschmelzung mit Himmel und Erde frei gemacht wird. Danke den vier Harmonien dafür, dass sie jedwede Fehler oder Auslassungen korrigieren bzw. notwendige Gebete, Gedanken oder Handlungen hinzufügen. Beende die Zeremonie dadurch, dass du *amen*, *aho* oder *mitakuye oyasin* sprichst.

## Die Schwitzhütte (*Asi/Inipi*)

Der der Schwitzhütte (in Lakota *inipi* – Reinigungshütte; in Cherokee *asi* – heißes Haus) zugrunde liegende Gedanke ist in den verschiedensten Formen in vielen Teilen der Welt zu finden, von den Artesischen Bädern der alten Griechen bis zur Sauna der nordischen Völker. Die Indianer benutzten drei grundsätzliche Formen von Schwitzbädern und ihren Variationen:

- Die heiße Fels-Methode, in der Wasser auf die Steine („Großväter") gegossen wird. Sie wird von den Navajo und Sioux (*Inipi*) wie auch von allen Stämmen der zentralen Prärie, des Südwestens und der östlichen Waldgebiete verwendet.
- Die direkte Feuerkammer, die von lodernden Holzscheiten erhitzt wird. Sie wird von den Cherokee benutzt.
- Ein Heizröhrensystem, dessen Ursprung auf die Maya zurückgeführt wird, das von Stämmen so weit nördlich wie die Aläuten praktiziert wird.

Die Verwendung der Schwitzhütte im Stil der Lakota hat sich zu einer pan-indianischen Aktivität entwickelt, die von den Nachfahren verschiedener indianischer Stämme angenommen wurde und sogar zum Bestandteil einer populären Kultur geworden ist. Unter manchen traditionellen Völkern ist eine derartige Übernahme der heiligen indianischen Traditionen von nicht-einheimischen Menschen eine Quelle von Kontroversen und Unmut.[6] Wenn du also planst, eine Schwitzhütte zu bauen, sei vorgewarnt, dass du auf derartige Haltungen stoßen kannst. Wie bei anderen Zeremonien auch, ist der wichtigste Aspekt einer Schwitzhütten-Zeremonie die Absicht, mit der sie abgehalten wird. Sie sollte darin bestehen, Heilung für sich selbst und andere zu bringen und grundsätzlich zur positiven Energie in der Welt beitragen, indem wir Dankbarkeit für den Schöpfer, Mitgefühl und den Wunsch nach Heilung und innerer Einheit ausdrücken.

Beim Bau einer Schwitzhütte sollte alles auf respektvolle Weise getan werden, mit besonderer Sorgfalt darauf, Gedanken und Worte positiv zu halten. Zunächst schaffe einen heiligen Kreis für eine kleine Schwitzhütte an einem ausgewählten Standort, wie in Kapitel 3 beschrieben. Jede der vier Richtungen sollte mit einer Flagge oder einem Tuchstreifen an einem Pfahl in der entsprechenden Farbe markiert werden: Osten – rot; Süden – gelb; Westen – schwarz; Norden – weiß. Als Nächstes sammele sechzehn Weidentriebe – alle etwa zweieinhalb Zentimeter im Durchmesser und bis zu sechs Meter lang. Tue dies mit Respekt, indem du um Erlaubnis fragst, nach „Freiwilligen" (Holz) Ausschau hältst und ein Zeichen deiner Dankbarkeit, wie etwa Tabak, zurücklässt.

Stecke für die Hütte zwölf Weidentriebe in einem Kreis von etwa zweieinhalb Meter Durchmesser in den Boden, nachdem du für das untere Ende jeden Triebes ein kleines Loch gegraben und in jedes eine Prise Tabak gelegt hast. Dies sollte von einem Gebet zum Schöpfer, zu Mutter Erde und allen Wesen begleitet werden, damit die Hütte ihren Beifall findet. Biege das andere Ende der Triebe zueinander, so dass sie aneinander stoßen, und binde sie mit Tuch oder Bindfaden so zusammen, dass sie eine umgedrehte Schüssel bilden. Richte den Eingang nach Osten aus, indem du einen Trieb biegst und beide Enden in den Boden steckst, so dass er ein rundes Tor formt – das Osttor. Baue das Westtor auf die gleiche Weise gegenüber. Dann biege zwei Weidentriebe waagerecht um die Hütte herum, um die anderen an ihrem Platz zu halten. Danach platziere einen besonderen „Blitzstab", einen Stab oder einen Pfahl aus heiligem Zedernholz, der vom Westtor zum Osttor leicht über das Dach der Hütte gebeugt wird, um die Verbindung zu den Sternnationen und Geistwesen zu repräsentieren.

Als Nächstes grabe ein Loch von etwa sechzig Zentimeter Durchmesser und zwanzig Zentimeter Tiefe für die „Großväter" (Steine) in der Mitte dieses Rahmens. Mit der entfernten Erde baue einen Altar, indem du sie etwa anderthalb Meter vom Eingang entfernt zu einem kleinen Hügel aufschüttest. Dann gestalte einen etwa dreieinhalb Meter langen Pfad oder „heiligen Weg" von der Hütte nach Osten. An seinem Ende lasse eine Lücke von etwa einem Meter und grabe ein Loch für die Feuergrube, wo das heilige Feuer für das Erhitzen der „Großväter" errichtet wird.

Um völlige Dunkelheit in der Hütte zu gewährleisten, bedecke sie mit Lagen von Decken und dann Planen; diese können aus Plastik sein, doch besser ist Segeltuch, da es atmet. Letztlich baue eine Tür, die aus einer besonderen Decke bestehen kann. In der Zeit, in der die Hütte nicht genutzt wird, kann der Rahmen stehen bleiben, während die Beläge je nach Wunsch oben gelassen oder heruntergenommen werden können.[7]

*Zeremonie: Sich den Kräften der Schwitzhütte öffnen*

Alle Kräfte – Feuer, Wasser, Erde und Luft – sind in die Schwitzhütte einbezogen. Als solche wird sie zu einem Medizinrad der Erde, innerhalb des Leibes von Mutter Erde. Das heilige Feuer ist das Feuer des Schöpfers, das Feuer des Lebens. Der Geist des Wassers kreist ständig, durch das Atmen und Schwitzen. Der Ort der Verehrung für die Erde ist der Altar. Die Straße, die jedes Lebewesen auf der Erde gehen muss, ist der heilige Pfad. Alles ist durch die Kraft der Luft verbunden, durch die die Richtungen, die Winde, hineinkommen, um die Gebete hinaus in die Welt zu tragen.

Beachte beim Bau des Schwitzhüttenfeuers die Richtlinien für das Errichten heiliger Feuer. Wähle zwei große Holzstücke und lege sie parallel zueinander in Ost-West-Richtung. Fülle den Raum zwischen ihnen mit Zündstoff; lege dann in Nord-Süd-Richtung die „Großväter" (Steine) darüber, so dass diese Nord-Süd-Schicht die in Ost-West-Richtung zeigenden Holzstücke vollständig bedeckt. Sobald die „Großväter" aufgehäuft sind, errichte ein Tipi von großen Holzscheiten, welche die inneren Holzstücke und die „Großväter" völlig einrahmen. Während du die Zeremonie vorbereitest, sollten so, wie sie verbrennen, ständig neue Holzscheite zum Tipi hinzugefügt werden, bis die „Großväter" fertig für die Hütte sind.

Die „Großväter" selbst sollten sorgfältig ausgesucht werden. Flusssteine sind in Ordnung, doch Lava-Steine sind am besten. Vermeide jedoch Steine, die Quarz enthalten, da sie durch die

Hitze explodieren werden, und verwende keinen Sandstein oder Granit, der zum Bröckeln neigt. Wenn du mögliche „Großväter" entdeckst, nähere dich ihnen respektvoll, indem du sie fragst, ob sie sich für diesen Zweck opfern mögen. Nimm nur solche, die sich freiwillig anbieten und hinterlasse ein Geschenk, wie etwa Tabak, an ihrer Stelle.

Eine typische Schwitzhütte kann achtzehn bis sechsunddreißig „Großväter" haben. Wisse jedoch, dass ihre Zahl wirklich nicht von Bedeutung ist; eine Hütte mit vierzig Steinen mag sich „kühl" anfühlen, während sich eine mit acht intensiv anfühlen kann. Manche Leute sagen gern: „Ich bin zu einer Adler-Schwitz-Zeremonie mit zweiundsiebzig Steinen gewesen!", womit sie andeuten, dass sie stark sind, weil die Hütte so heiß war. Eine Schwitzhütten-Zeremonie ist jedoch nicht als Ausdauer-Test gedacht, sondern eher als eine Gelegenheit zum Gebet, zum Erlangen von Visionen und zum Teilen von Weisheit. Wir nehmen die Weisheit der „Großväter" als Hitze wahr, doch ist es tatsächlich Energie. Die Hütte kann „heiß" wirken mit nur einem Stein, dessen durch des Schöpfers Feuer freigesetzte Weisheit die Energie der Hütte stark steigert. Unabhängig von ihrer Zahl, ist es die Weisheit der „Großväter", die durch den Geist des Wassers übermittelt wird, das durch das Atmen und Schwitzen unsere Körper durchläuft; das uns erlaubt, den rationalen Verstand zu umgehen, mit dem Schöpfer zu verschmelzen und uns damit Einsichten und Kraft verleiht und Heilung bewirkt. Die Menschen in der Schwitzhütte erhalten Visionen, Führung und Heilung, weil sie sich selbst gemeinsam mit den „Großvätern" (den Steinen) und den „Stehenden" (dem Holz) für alle Wesen opfern und ihre Gebete dabei hinaus in den „Lebensring" gehen, wo das Geben und Nehmen allen zugute kommt.

Eine typische Zeremonie besteht aus vier Runden. Nach dem Protokoll werden zu Beginn die „Großväter" selbst dazu befragt, wie viele und welche von ihnen benutzt werden sollten. Wenn eine Zeremonie beispielsweise vierundzwanzig „Großväter" haben soll, dann können fünf für die erste Runde, fünf für die zweite und sieben für die dritte und vierte verwendet werden, wobei einige Hütten nur gerade Zahlen von Steinen verwenden. In der Regel werden zunächst fünf niedergelegt, die die vier Richtungen und die Mitte (oben, unten, der Schöpfer) repräsentieren, dann die übrigen hinzugefügt. Jedes Mal, wenn ein „Großvater" in die Hütte gebracht und in die Feuerstelle gelegt wird, wird er mit Salbei oder anderen heiligen Kräutern gesegnet oder mit Mariengras berührt, und es wird Dank gesagt. Sobald die „Großväter" an ihrem Platz sind, wird die Tür geschlossen und der Wassergießer (der Leiter der Schwitz-Zeremonie) gießt fünf Schöpfkellen über die Steine, eine für jede Richtung: Dies bedeutet, dass die Zeremonie beginnt. Der Leiter der Zeremonie kann dann die Anwesenden bitten, zu beten oder ein heiliges Lied zu singen. Das Lied muss kein anerkanntes Schwitzhütten-Lied sein; es kann so einfach sein wie „Weißt du wie viel Sternlein stehen", solange es von Herzen kommt und auf gute Weise im Gebet dargeboten wird. Die erste Runde könnte der eigenen Heilung gewidmet werden (da „der eigene Korb voll sein muss", um anderen geben zu können). Die zweite Runde könnte sich auf die Familie konzentrieren (sowohl Blutsverwandte als auch solche, die in die heiligen Kreise der Teilnehmer aufgenommen worden sind). Die dritte Runde, häufig „Frauenrunde" genannt, könnte Frauen gewidmet sein, wobei Frauen Lieder singen und Gebete sprechen; alternativ kann sie auch der Heilung gewidmet werden. Die vierte Runde könnte sich auf die Erde und alle Wesen konzentrieren.

Die Dauer einer Runde wird durch die Eingebungen des Zeremonien-Meisters und der Teilnehmer bestimmt. Sie ist in der Regel beendet, wenn alle still werden. Dann wird ein Dankesgebet an die „Großväter" gesprochen, von vier Schöpfkellen mit Wasser begleitet, und die Türklappe wird geöffnet. Frische Luft kommt herein, und die Leute können abkühlen und sich ausruhen, bevor die nächste Runde beginnt. In der Regel ist es nicht ratsam, dass die Leute die Hütte vor dem Ende der vier Runden verlassen, doch wenn jemand gehen muss, so muss er dies zwischen den Runden tun. Nach der ersten oder zweiten Runde kann jemand gewöhnlich in die Hütte zurückkommen, muss dann aber generell für die gesamte Dauer bleiben, wenn dies nach der zweiten Runde geschieht. Der Grund hierfür ist der, dass die Runden aufeinander aufbauen und dabei an Intensität und Kraft zunehmen, bis am Ende alle Teilnehmer auf positive Weise verwandelt daraus hervorgehen.

Auch wenn die Schwitzhütten-Zeremonie von großem physischen und spirituellen Nutzen ist, so kann sie anstrengend sein. Daher sollten Menschen mit medizinischen Indikationen, wie Hypertonie (Bluthochdruck) und Herzproblemen, von einer direkten Teilnahme absehen oder diese zuvor mit ihrem Arzt abklären. Auch sollte der Wassergießer, der Zeremonien-Meister, Erfahrung darin haben, Menschen mit Beschwerden zu helfen. Er sollte vorzugsweise eine

Erste-Hilfe-Ausbildung absolviert haben und wissen, wie eine Herz-Lungen-Reanimation durchzuführen ist. Überhaupt sollte bei der Vorbereitung und Ausführung der Zeremonie Vorsicht walten, um Verbrennungen durch das Feuer oder die heißen Steine oder Überanstrengung durch das Holzschleppen oder die Handhabung der schweren Steine zu vermeiden. Menschen mit medizinischen Indikationen können trotz allem in den heiligen Kreis kommen und neben dem Feuer sitzen, in jeder Himmelsrichtung, die für sie ein heiliger Platz ist; viele Hütten haben Bänke für diesen Zweck eingerichtet. Selbstverständlich nehmen alle, die sich innerhalb des heiligen Kreises befinden, ob sie nun Teil der Schwitz-Zeremonie in der Hütte selbst sind oder außerhalb der Hütte neben dem Feuer sitzen, an der Zeremonie teil und sollten sich entsprechend respektvoll verhalten.

Frauen, die sich in ihrer „Mondzeit" (Menstruationsphase) befinden, dürfen den heiligen Kreis nicht betreten. Ihre Anwesenheit in der Nähe des Kreises kann jedoch erheblich zu den Zeremonien beitragen. Oft wird für solche Frauen eine Mondhütte außerhalb, doch neben dem Kreis errichtet, damit sie an der Zeremonie teilnehmen und dadurch zur Steigerung der Kraft der Zeremonie beitragen können. Frauen in ihrer Mondzeit werden nicht aufgrund von Vorstellungen von Unreinheit oder aus Diskriminierung aus der Schwitzhütte ausgeschlossen, sondern weil sie während ihrer Menstruation als so mächtig angesehen werden, dass ihre Kraft die Schwitz-Zeremonie oder jede andere heilige Zeremonie stören könnte. Obwohl ihre Anwesenheit in einer daneben liegenden Mondhütte sehr willkommen ist, ist es die individuelle Entscheidung jeder Frau, ob sie teilnehmen möchte oder die Abgeschiedenheit vorzieht. (Siehe Abschnitt „Mondhütte").

*Einige allgemeine Regeln für die Schwitzhütte:*

**Heiliger Raum:** Der mit den Flaggen der vier Himmelsrichtungen gekennzeichnete Kreis ist ein heiliger Kreis. Wenn Zeremonien im Gang sind, sollten sich die Menschen außerhalb der Hütte ebenso wie die in der Hütte in ein Gebet oder in stille Meditation begeben, ohne unnötige Aktivität oder Geräusche. Der Bereich zwischen dem Altar und dem Feuer ist heilig und sollte respektiert werden. Der Feuerwächter betreut jede Aktivität innerhalb des heiligen Kreises, sobald die Zeremonien begonnen haben. Er allein, der sich gemeinsam mit einem von ihm ernannten Helfer um das Feuer kümmert, darf etwas in das heilige Feuer legen. Das Wegwerfen von Müll ist verboten. Drogen und Alkohol sind niemals erlaubt; von den Teilnehmern wird erwartet, dass sie zu jeder Zeit nüchtern und anderen gegenüber respektvoll sind. Menstruierende Frauen dürfen nicht in den heiligen Kreis oder die Hütte treten, da ihre Kraft zu dieser Zeit so immens stark ist.

**Altar**: Der Zeremonien-Meister legt die heilige Pfeife auf die nördliche Seite des Altars; Geschenke für den Zeremonien-Meister werden auf die südliche Seite des Altars gelegt; die westliche Seite wird für Menschen, die sich dem Altar nähern, offen gelassen und die östliche Seite bleibt offen für die Gegenstände, die während der Zeremonie gesegnet werden. Pfeifen können auf den Altar gelegt, Schalen nach Westen ausgerichtet werden, wobei die des

Zeremonien-Meisters am weitesten nördlich steht. Stäbe können östlich des Stabes des Zeremonien-Meisters in die Erde gesteckt werden. Es ist nicht erlaubt, über den heiligen Altar oder den heiligen Feuerpfad hinwegzutreten; das Überqueren ist zwischen dem Altar und der Hütte oder auf der Ostseite des heiligen Feuers erlaubt. Nur der Feuerwächter darf zwischen die Hütte und das heilige Feuer treten.

**Kleidung:** Teilnehmer der Schwitz-Zeremonie sollten maßvoll bekleidet sein. Für Frauen bedeutet dies normalerweise ein einfaches Baumwollkleid, das die halbe Wade bedeckt oder bis zum Fußgelenk reicht; für Männer heißt dies kurze Hosen, Hemden sind nicht nötig. Handtücher sind innerhalb der Hütte erlaubt, andere Gegenstände jedoch nur mit Zustimmung des Zeremonien-Meisters. Metall sollte in der Hütte nicht getragen werden.

**Betreten der Hütte:** Bevor du die Hütte betrittst, nimm eine Prise Tabak aus der Dose neben dem Altar und reiche sie jeder der vier Himmelsrichtungen dar; dabei beginne im Osten und fahre im Uhrzeigersinn fort, und verstreue etwas Tabak auf dem Altar. Dann gib dem heiligen Feuer ein wenig Tabak, bevor du dich zum Eingang der Hütte begibst, um dort vom Türwärter mit Salbei eingeräuchert zu werden. Nachdem dies geschehen ist, knie an der Tür nieder und danke Mutter Erde; damit fragst du den Zeremonien-Meister, ob du eintreten darfst. Die Hütte wird auf den Knien betreten; dann bewegst du dich im Uhrzeigersinn so weit wie notwendig, um einen freien Platz zu finden.

**Vorbereitung:** Die meisten Menschen, die an einer Zeremonie teilnehmen, suchen eine intensive spirituelle Erfahrung; daher mögen sie vorher für ein oder zwei Tage fasten oder beten, obwohl dies nicht notwendig ist. Es ist in Ordnung, einige Stunden vor der Zeremonie eine leichte Mahlzeit zu sich zu nehmen, schwere Mahlzeiten werden jedoch nicht empfohlen. Da die Zeremonie Stunden andauert und viel geschwitzt wird, ist es sinnvoll, am Tag vor der Zeremonie viel Flüssigkeit zu sich zu nehmen, allerdings nicht direkt davor.

**Zeremonie:** Der Zeremonien-Meister wählt die Form der Zeremonie und legt fest, wie sie vollzogen wird. Sofern er nichts anderes sagt, wird Stille bewahrt. Wenn du sprechen willst, frage „Erlaubnis zu sprechen, Zeremonien-Meister?" Oft wird der Zeremonien-Meister Einzelne bitten zu sprechen oder sie fragen, ob sie ihre Gedanken mitteilen oder ein heiliges Lied singen würden. Wenn du mit dem Sprechen oder Singen fertig bist, zeige dies an, indem du *Aho, Amen* oder *mitakuye oyasin* sagst. Nur der Zeremonien-Meister und der Feuerwächter hantieren mit den „Großvätern" (Steinen).

Die Zeremonie dauert so lange, wie der göttliche Geist vorgibt. Es gibt vier Runden; normalerweise wird jede heißer als die vorhergehende sein, da in jeder Runde mehr „Großväter" hinzugefügt werden. Zwischen den Runden wird die Tür geöffnet, damit frische, kühle Luft eintreten kann. Man kann die Hütte nach ein oder zwei Runden verlassen, wenn die Hitze zu intensiv wird oder auch aus gesundheitlichen oder anderen Gründen. Wenn ein

Verlassen der Hütte notwendig wird, warte bis zum Ende einer Runde, dann bitte den Leiter um Erlaubnis zum Gehen. Wenn du die Hütte wieder betreten möchtest, muss der Zeremonien-Meister erneut um Zustimmung gefragt werden. Die Tür darf zu jeder Zeit nur vom Türwärter berührt werden. Menschen, welche die Hütte nicht betreten wollen, können außen, an der Südseite des Altars, beten, wo sie nach wie vor Teilnehmer innerhalb des heiligen Kreises sind.

Es ist nicht ungewöhnlich, dass Geister die Hütte während der Zeremonie betreten – tatsächlich werden sie speziell eingeladen. Es werden häufig seltsame oder ungewöhnliche Farben wahrgenommen, durchschießende Lichter gesehen und Geräusche gehört, da die intensive Hitze für neue Wege der Wahrnehmung sorgt. Der beste Weg, die Hitze zu tolerieren, ist nicht zu denken, sondern zu fühlen und zu beten – laut, wenn dies hilft – und das Atmen nicht zu vergessen. Die Zeremonie ist ein Opfer für Heilung und für Visionen; die Absicht ist niemals die, Schaden zu bringen, sondern jedem innerhalb des heiligen Kreises und allen Wesen auf Mutter Erde zu helfen.

**Geschenke:** Da die meisten Gegenstände, die in der Zeremonie verwendet werden, einschließlich des Tabaks, des weißen Salbeis und bis zu einem Drittel Klafter Holz, Geld kosten, ist es angemessen und wird sehr geschätzt, wenn dem Zeremonien-Meister ein Geschenk und eine Spende gegeben wird, obwohl die Zeremonie selbst kein Geld kostet und ein Geschenk nicht erwartet wird. Generell wird von Teilnehmern erwartet, Essen und Getränke für die Feier nach der Zeremonie mitzubringen sowie etwas Holz für das Feuer (wenn möglich) und einen Stein, wenn sie einen besitzen, von dem sie glauben, dass er gute Geister anziehen würde.

## Die Mondhütte

Menstruierenden Frauen ist häufig die Teilnahme an heiligen Zeremonien untersagt, da zu solchen Zeiten ihre außerordentliche Kraft aufgrund ihrer Verbindung mit Mutter Erde, den Naturkräften und dem Geist so groß ist, dass sie die Kraft der heiligen Zeremonien in ihrer Nähe überschattet. Demzufolge gibt es heutzutage bei heiligen Zeremonien unter den Indianern häufig ein Zelt oder ein eingefriedetes Stück Land für Frauen in ihrer Mondzeit, das gerade außerhalb der Zeremonienstätte liegt und von dem aus alles gesehen und gehört werden kann. Die Frauen werden geehrt und die Menschen sind dankbar für ihre Kraft, die durch ihre Teilnahme auf diese Art und Weise unermesslich zu den Zeremonien beitragen kann.

Die Mondzeit ist eine heilige Zeit, in der Frauen eins mit Mutter Erde und dem Schöpfer werden; sie sind dann in der Lage, unschätzbares inneres Wissen zu entdecken und können zum Nutzen aller auf die Kraft der Prophezeiungen zugreifen. Aus diesem Grund empfehlen viele indianische Völker den Frauen nicht die gewöhnlichen Visions-Suchen oder Pfeifen-Fastenzeiten. Stattdessen haben Frauen seit Tausenden von Jahren in verschiedenen eingeborenen Völkern auf der ganzen Welt Mondhütten.

In den indianischen Gesellschaften der Vergangenheit, wo die Frauen in enger Nachbarschaft lebten, fielen ihre Zyklen aufgrund des Resonanzprinzips gewöhnlich zusammen. Wenn diese oft mit dem Vollmond einhergehende Zeit kam, gingen alle Frauen – einschließlich derer, die zu jung und zu alt zum Menstruieren waren – zur Mondhütte, wo sich die Älteren um die menstruierenden Frauen kümmerten und die jungen Mädchen die Traditionen und Überlieferungen der Stämme von den Älteren lernten. Diese Praxis vereinte die Frauen und half ihnen, ihr Erbe zu erhalten.[8]

Die erste Menstruation eines jungen Mädchens war ein heiliges Ereignis, welche das ganze Volk segnete. Es wurde mit einer ausführlichen Zeremonie gefeiert: Sie trug besondere Kleidung, die für sie vorbereitet wurde, und Menschen kamen von überall her, um ihr Geschenke zu geben und Worte der Weisheit und Prophezeiung von ihr zu erhalten. Während dieser Zeit wurde sie von den Medizinfrauen, die als Hüterinnen der Weisheit des Stammes betrachtet wurden, darin eingewiesen, wie sie sich von diesem Tag an zu verhalten hatte, sie erfuhr ihre Rechte als Frau und hörte von Prüfungen, die sie in den kommenden Jahren erwarten konnte.

Außerdem wurden in verschiedenen Stämmen heilige, geheime Rituale in Bezug auf die Verwendung des Menstruationsblutes weitergegeben; viele hatten mit der Segnung der Ernte zu tun. Diese und andere alte Traditionen, welche die Übergangsphase der Mondzeit und ihrer heiligen Segnungen ehrten, sind es wert, wiederbelebt zu werden.

## Zeremonie: Eine Mondhütte bauen

Ein einfacher Weg, die heilige Menstruationszeit zu ehren, ist es, ein Zelt, Tipi oder Pavillon in der Natur zu errichten, das als Mondhütte dient. Eine solche Hütte sollte nur von Frauen gebaut und bewohnt werden, so dass sie frei von allen männlichen Elementen ist. Sie sollte innerhalb eines heiligen Kreises stehen, der von Frauen geschaffen und von ihnen vor dem Gebrauch durch Räuchern und Tabak- oder Maismehlopfer energetisch gereinigt worden ist.

Frauen können sich beispielsweise jeden Monat zu einer festgesetzten Zeit treffen, wenn eine von ihnen in ihrer Mondzeit ist, und das Ereignis nutzen, um für sich selbst eine heilige Zeremonie zu veranstalten, ihr Wissen zu teilen, vielleicht mit dem zusätzlichen Wissen von Frauen, die nicht mehr menstruieren. Die Erfahrung der Mondhütte sollte aufgeteilt werden zwischen Zeiten für das Alleinsein und die stille Reflexion, und Zeiten für Aktivitäten, die sich auf das gegenseitige Helfen und Unterstützen konzentrieren, etwa durch Diskussionen gemeinsamer Belange, das Lesen von Gedichten, das Trommeln unter dem Mond, das Singen von Liedern oder Teilen besonderer Nahrung und Kraft gebender Tees. Die Anforderungen des täglichen Lebens sollten beiseite gelegt werden, selbst wenn es nur für eine kleine Pause ist, für die Verjüngung und das Suchen von Einsichten und Weisheit.

Eine alte Zeremonie für menstruierende Frauen, die auch heute noch gemacht werden kann, ist diese: Gehe hinaus in die Felder unter den Mond und lasse einfach dein Blut fließen, werde dabei eins mit der Leben gebenden Mutter Erde und erlaube dem Licht von Großmutter Mond, dich zu reinigen und zu erneuern. Wenn es keinen Platz in der Natur gibt, um die Verbindung mit der Kraft von Himmel und Erde zu feiern, so ehre einfach den Körper, indem du während dieser Zeit still seine Kräfte und diejenigen des Geistes anerkennst.

*Aus dem Energie-Notizbuch:*
*Ehre das Drängen des Geistes*

Es war nicht meine ursprüngliche Absicht, Informationen über das Bauen und Benutzen einer Schwitzhütte in dieses Buch aufzunehmen, da diese sehr heilige Aktivität leicht missbraucht werden kann. Ich habe Schwitzhütten-Zeremonien beigewohnt – einschließlich solcher, die von Indianern geleitet wurden –, bei denen die Leute nicht wussten, was sie taten, und einige von ihnen waren sogar sexuell ausbeutend. So ist es verständlich, dass viele spirituelle Ältere die Stirn runzeln, wenn es um das Weitergeben des alten Wissens um die Schwitzhütte geht; dies war auch meine Haltung, bis ich die folgende Erfahrung machte.

Jahrelang hatten mich Leute gefragt, ob ich eine Schwitzhütte leiten würde, doch ich hatte immer verneint und gesagt, dass ich mich dazu nicht qualifiziert fühlte. Ich hatte seit vielen Jahren Schwitzhütten besucht, doch ist es eine ganz andere Sache, für eine solche verantwortlich zu sein und sie zu leiten. Dann zog ein Mann hierher, der für einige Jahre eine Schwitzhütte im Westen geleitet hatte und mich ersuchte, eine Hütte zu eröffnen. Jedes

Mal, wenn er mich sah, sagte er: „PathFinder, dies ist etwas, was du tun musst – für all die Menschen, deren Leben du berührst." Dann, während ich Freunde in Arkansas besuchte, drängte mich aus dem Blauen heraus ein Ältester der Cherokee, den ich sehr bewunderte, eine Hütte zu öffnen, um den Menschen zu helfen, die zu mir kommen. Doc ist ein Mann, der seit mehr als einem Jahrzehnt Schwitz-Zeremonien innerhalb des kalifornischen Gefängnissystems geleitet hatte, und er bot mir sogar an, zu mir nach Mississippi zu kommen, um mir beim Bau einer Schwitzhütte zu helfen. Ich sagte all diesen Menschen, ich würde darüber nachdenken und mich bei ihnen melden.

Kurz danach ging ich auf eine Geistsuche, eine fast zweitausend Kilometer lange Medizinrad-Rundreise von Mississippi durch Arkansas, Oklahoma, Texas und Louisiana zurück nach Mississippi. Während ich mich nahe der Medicine Mounds in Texas aufhielt, wo Komantschen-Häuptling Quanah Parker seine letzten Tage verbrachte, zog mich etwas zu einem Laden, der indianische Gegenstände zu verkaufen schien. Erneut fragte mich der Ladenbesitzer, ein Paiute: „Hast du eine Schwitzhütte?" Ich lachte und erzählte ihm, dass es Teil meiner Suche war, eben diese Frage zu beantworten. Dann erzählte er mir, wie er dazu gekommen war, eine zu betreiben. Zwei Gruppen von Freunden, mit denen er gemeinsam an Schwitz-Zeremonien teilnahm, waren miteinander zerstritten, und jede beschloss, eine eigene Hütte zu schaffen. „Das ist nicht richtig", sagte er ihnen, die Hütte war dazu da, Streitigkeiten beizulegen, nicht sie aufrechtzuerhalten.

„Gut", sagten sie, „dann betreibe du eine!"

„Aber ich fühle mich nicht qualifiziert dazu, eine zu betreiben", antwortete er.

„Du kannst es lernen", sagten sie, und wegen ihrer Beharrlichkeit und weil er die Freundschaft nicht zerbrechen lassen wollte, baute er eine Hütte und betrieb sie, so dass alle sie genießen konnten.

„Seit wann betreibst du deine Hütte?", fragte ich.

„Seit sechzehn Jahren", antwortete er. Wir lachten beide.

Der göttliche Geist hatte mir die Antwort gegeben. Nach meiner Rückkehr nach Mississippi zeigte mir Doc, wie man respektvoll eine Hütte baute.

Später erzählte mir ein Freund, Michael Touchstone, dass er eine Hütte bauen würde. Als ich ihn fragte, wie er diese Entscheidung getroffen hatte, antwortete er mir, dass der Geist ihm dies gesagt hatte. Ich fragte, ob ihm ein Ältester dabei helfen würde. Er sagte nein, er würde sie einfach auf die Weise bauen, die er für richtig hielt.

Das führte zu einigen Bedenken bei mir, denn ich glaubte durch mein Training, dass eine Hütte auf die richtige Art und Weise gebaut und eingeweiht werden müsse. Obwohl ich nicht glaube, dass ich Michael jemals davon abgeraten habe, die Hütte zu bauen, erzählte ich ihm, dass dies auf die richtige Art und Weise geschehen müsse, und ich bin sicher, dass er meine Missbilligung spürte.

Einige Monate später kamen Michael und seine Partnerin Cyndi zu Besuch, und Michael schien eine schlimme Erkältung zu haben, die er nicht abschütteln konnte. Wir hielten eine Schwitzhütte ab, die eigentlich seinen Kopf hätte freimachen sollen, dies jedoch nicht tat. Meine Wahrnehmung war, dass seine Krankheit tiefer ging; sie stand im Zusammenhang mit seinen vor vielen Jahren gemachten Erfahrungen im Vietnam-Krieg. Dies war es, was ihm Schmerzen verursachte und was er einfach nicht loslassen konnte. Ich sagte ihm, dass er zu einer besonderen Schwitzhütten-Zeremonie kommen könnte; sie würde etwas Zeit und Anstrengung kosten, doch sie könnte ihn heilen. Da er einige Stunden entfernt wohnte, lehnte er ab.

Einige Wochen später wurde bei ihm Krebs festgestellt. Ich bot ihm an, zu einer Schwitz-Zeremonie zu kommen, er war aber zu schwach für die Reise. Er starb drei Monate nach der Diagnose.

Ich konnte nicht anders, als mich fragen, was hätte geschehen können, wenn ich ihn aktiv darin bestärkt hätte, seine eigene Schwitzhütte als heilenden Ort zu bauen. Durch diese Erfahrung erkannte ich, dass niemand davon abgehalten werden sollte, seinen Eingebungen, Visionen oder Heilungshilfen, die er intuitiv sucht, zu folgen; und niemandem sollte gesagt werden, dass es auf eine bestimmte Art und Weise stattfinden müsse. Dies ist der Grund dafür, dass die Anleitungen für den Bau und die Benutzung einer Schwitzhütte in diesem Buch zu finden sind. Es soll die Wichtigkeit unterstreichen, das Drängen des Geistes zu ehren. Die Informationen sind als Unterstützung für jene Menschen gedacht, die spüren, dass sie dies für ihre persönliche Heilung gebrauchen können. Danke für diese Lehre, Michael.

## Kraftobjekte, Sinnsuche und Rituale

Wenn man eine Zeremonie in der Natur abhält, manifestieren sich fast immer in irgendeiner Form Kraftobjekte – Gegenstände, die große Energie in sich tragen. Derartige, vom Schöpfer, von Geistwesen oder von Mutter Erde bereitgestellte Objekte sind Geschenke für die Verwendung in der Zeremonie. Beim Transport sollten sie mit Respekt aufbewahrt werden, vorzugsweise in einem Medizinbündel oder -beutel. Auch zeremonielle Sinnsuchen und Rituale erfordern gewisse Maßnahmen, welche die heilige Energie bewahren.

## Medizinbündel und Medizinbeutel

Ein Medizinbündel enthält Gegenstände, die du als heilig bewahren möchtest; außerdem solltest du sie getrennt von anderen Objekten, die ihre eigene Medizin haben, aufbewahren. Für eine Weile trug ich ein Medizinbündel bei mir, das die zeremoniellen Gegenstände für die Feuerwächter der Cherokee enthielt, bis diese an einen für das Training als Feuerwächter geeigneten Kandidaten weitergegeben werden konnten. Als zeremonieller Ältester einer Gruppe war es auch meine Aufgabe, ihre *chanunpa*, die heilige Pfeife, sowie einen Gebetsstab bei mir zu tragen. Sie wurden in verschiedenen Bündeln aufbewahrt, weil jeder Gegenstand seine eigene Medizin hatte. Ein Medizinbündel wird als lebendig angesehen und dementsprechend mit Respekt und Ehrerbietung behandelt.

Wenn du ein Objekt mit besonderer Kraft bekommen hast, das

getrennt aufbewahrt werden muss, dann kannst du ein Medizinbündel herstellen. Finde zunächst einen geeigneten Stoff; die Schwingungsenergie der Farbe Rot soll hierfür beschützende Qualitäten haben. Als Nächstes wickele den Gegenstand gemeinsam mit etwas heiligem Salbei oder anderen Kräutern darin ein und umwickele das Bündel mit Tüchern aus Gewebe; dann bewahre es für den künftigen Gebrauch an einem sicheren Ort auf.

Wenn du das Medizinbündel an jemanden weitergibst, so muss dies auf ehrerbietige Weise geschehen, entweder vor einem heiligen Feuer, indem das Bündel viermal über das Feuer gereicht wird, oder an einem heiligen Ort. Zunächst danke den Mächten für den Schutz des Medizinbündels. Dann erkläre laut die Bedeutung des Bündels – wie es auf nutzbringende Weise funktioniert, wie du es erhalten hast und den Zweck, für den es mit besten Wünschen übertragen wird. Dann biete es der anderen Person auf zeremonielle Weise viermal an; beim vierten Mal sollte sie es annehmen.

Ein Medizinbeutel enthält all die Dinge, die für besondere Zeremonien benötigt werden könnten. So werde ich beispielsweise häufig gebeten, Wasser zu gießen, wenn ich Leute besuche, die eine Schwitzhütte haben. Daher habe ich einen Medizinbeutel, der eine Wasserkelle, „Medizin" für die „Großväter" (die Steine), Salbei, Streichhölzer und einen Gebetsfächer enthält, ebenso wie gewisse Kraftobjekte, die für den möglichen Gebrauch gespendet wurden. Er enthält auch die *chanumpa* in ihrem eigenen Bündel sowie verschiedene Farben bzw. Medizin, die im heiligen Tanz verwendet wird. Ich besitze zusätzlich zwei weitere Medizinbeutel. Der eine, den ich im Kofferraum des Autos aufbewahre, enthält verschiedene Objekte für die Zeremonie; dazu gehören Stoff für Gebetsschleifen, Tabakbeutel für zeremoniellen Gebrauch oder für Geschenke an Medizinleute, eine Heilschale, Mariengrasstränge für den zeremoniellen Gebrauch, Salbei und andere Gegenstände, die für Zusammentreffen geeignet sind. Der andere Medizinbeutel, der getragen werden kann, enthält Quarzkristalle, Steine, Federn und andere Gegenstände, die für Heilungszeremonien verwendet werden, ebenso wie verschiedene vom göttlichen Geist bereitgestellte Kraftobjekte. Gegenstände aus allen drei Beuteln können miteinander vermischt und abgestimmt werden, je nachdem was benötigt wird. Sofern du keine Zeremonien für große Gruppen von Leuten gestaltest oder häufig gebeten wirst, unterwegs alle möglichen Zeremonien abzuhalten, sollte ein Medizinbeutel ausreichen.

Ein Medizinbeutel kann aus jedem Material gemacht werden; einige sind aus kunstvollem, mit Perlen besticktem Leder, Fell oder ausgefallenem Stoff hergestellt, doch eine einfache Tragetasche oder Matchbeutel reichen auch aus. Ein solcher Medizinbeutel ist heilig und sollte niemals ohne Erlaubnis von jemand anderem als dem Besitzer berührt werden. Seine Funktion unterscheidet sich von jener der kleinen Medizinbeutel, die um den Hals und häufig unter der Kleidung getragen werden. Diese enthalten besondere Gegenstände, wie Quarzkristalle, Steine, Tabak, Federn, Fetische, Schlangenzähne oder andere Objekte, die persönliche Kraft tragen. Der persönliche Medizinbeutel kann immer getragen werden, insbesondere wenn sich die Person auf einer Visions-Suche befindet. Gewöhnlich jedoch wird er in einem größeren Medizinbeutel oder an einem anderen heiligen Ort aufbewahrt.

## Tragbares „Haus des Geistes"

Um mit dem Geist kommunizieren zu können, trugen heilige Menschen der Cree, Ojibway und Algonkin-Stämme Nordamerikas häufig ihr heiliges Haus, „das Haus ihres Geistes", in Form eines besonderen Felles oder zusammengenähter Tierhäute bei sich. Dies gab ihnen die Gewissheit, dass *Kitchi-Manitou*, das Große Mysterium, der Schöpfer, immer bei ihnen war und ihnen in vielen Manifestationen erscheinen würde.

Ein Mensch auf der Suche nach Weisheit könnte beispielsweise beim Wandern in der Natur *Manitou* (Geist) erleben – vielleicht durch das Hören eines Tons, der ein Verbündeter des Geistes sein kann; durch das Sehen eines Vogels, der in eine bestimmte Richtung schaut; oder durch das Wahrnehmen von Disharmonie unter den Naturelementen. Der Mensch könnte dann sein heiliges Bündel auspacken einen heiligen Kreis gestalten, viermal herumgehen und chanten, sich dann niedersetzen und das Fell oder die Tierhäute über einen kleinen Busch drapieren, es mit Stöcken aufrichten oder einfach um seine eigene Person wickeln, um ein kleines, dunkles Zelt zu gestalten. Wenn die Person sich in ihrem „Haus des Geistes" befindet, zündet sie vielleicht ein winziges Feuer an oder verbrennt einige Kräuter und bittet darum, dass der Raum gesegnet wird.

Der Mensch würde dann leise ein heiliges, vom Herzen aufsteigendes Lied singen oder auch eines, das von der Familie oder dem Clan überliefert wurde, um *Manitou* herbeizurufen und auf eine Vision oder die Weitergabe von Wissen des Geistes zu warten. Die Weisheit von *Manitous* Herzenslied würde dann mit dem Herzenslied des Menschen verschmelzen, bis die gesuchte Erkenntnis erlangt wird. Auf diese Weise kann ein Mensch zu jeder Zeit Kontakt mit dem göttlichen Geist aufnehmen und Verständnis erlangen oder Informationen über Ereignisse oder die Gedanken von weit entfernten geliebten Menschen erhalten. Dieses tragbare „Haus des Geistes" hat Macht und kann von jedem errichtet werden.

*Zeremonie: Ein tragbares „Haus des Geistes"*
*herstellen und benutzen*

Heute kann ein tragbares „Haus des Geistes" aus einer besonderen, nur für diesen Zweck verwendeten Decke hergestellt werden, die beim Reisen in einem sauberen, gesegneten Rucksack, einer ebensolchen Reisetasche oder einem anderen besonderen Medizinbündel im Kofferraum eines Autos aufbewahrt wird. Hole sie hervor und benutze sie zu Zeiten, wenn der Geist gehört werden könnte. Wenn du beispielsweise zu einer abgelegenen Gegend fährst oder in den Wäldern wanderst und dich plötzlich von einem Vogelruf oder einer Stimme im Wind angesprochen fühlst, bedecke dich mit der Decke, indem du sie über einen Busch drapierst oder sie mit einem von den „Stehenden" (den Bäumen) überlassenen Stock hochstützt und damit ein Zelt baust. Drinnen gestalte einen heiligen Kreis und bringe Opfer für alle vier Himmelsrichtungen dar, vielleicht durch das Verbrennen von Blättern oder Salbei oder indem du etwas Tabak auf Mutter Erde verstreust; dann lausche jedweder Nachricht vom göttlichen Geist. Denke daran, dich im Anschluss immer zu bedanken.

## Die heilige Pfeife – die *Chanunpa*

Wenn man von der oft weithin als „Friedenspfeife" bezeichneten Pfeife der indianischen Völker hört, so denkt man im Allgemeinen an die Pfeifen der Prärie-Indianer und die Geschichten um die heilige Pfeife der Lakota (die *chanunpa wakan* der Oceti Sakowin, der Sieben Nationen der Sioux), wie sie von Black Elk erzählt wurden.[9] Bei den Lakota, Dakota und Nakota-Oyate bezeichnet die *chanunpa* (ausgesprochen: TSCHA-nju:-paa) die von PtesanWi (White Buffalo Woman) überreichte Pfeife aus Büffelbeinknochen und andere ähnlich geschnitzte Pfeifen aus Pfeifenstein (Catlinit), der in Pipestone, Minnesota, abgebaut wird. Sie wird als *lela waken* (sehr heilig) angesehen, wie auch der Weiße Büffel. Dies hängt mit den Prophezeiungen über die Geburt eines weißen Büffelkalbes zusammen: Es wird als Zeichen für das erneute Erscheinen von White Buffalo Woman gedeutet, die wieder Gleichgewicht und geistige Harmonie zwischen allen Wesen in Kraft setzen soll. Daher wird es unter den Sioux-Oyate als frevlerisch angesehen, wenn jemand eine *chanunpa* bei sich trägt, ohne dazu berufen worden zu sein und ohne den Segen einer heiligen Person der Sioux zu besitzen.

Pfeifen gehören jedoch nicht ausschließlich zur Sioux-Tradition. Die Tradition des Pfeiferauchens als Mittel der Kontaktaufnahme mit dem Schöpfer besteht seit Tausenden von Jahren und wurde von den meisten indianischen Völkern in ganz Amerika gepflegt, wie archäologische Funde zeigen. Die frühen Aufzeichnungen der Spanier im Südosten sowie der Franzosen und Engländer im

Nordosten erzählen davon, dass indianische Völker Zusammen-
künfte mit dem Rauchen der Pfeife, des Kalumets, begannen.
Jeder Stamm hat seine eigene Geschichte darüber, wie die heilige
Pfeife zu ihnen kam. Bei den Cherokee beispielsweise wurde die
heilige Pfeife von Uktena, The Keen-Eyed („Der mit dem scharfen
Auge"), überreicht, einer derartig mächtigen großen Schlange,
dass ihr einfacher Anblick zum sofortigen Tod führt. Pfeifen
wurden aus einer Vielzahl von Materialien hergestellt, darunter
Ton, Catlinit oder Argillit, dem roten Tonstein aus Pipestone,
Minnesota. Sie wurden in verschiedene Formen geschnitzt oder
geformt, darunter Tiere, Geistwesen, Gottheiten und phallische
Fruchtbarkeitssymbole. Der im Südosten wild wachsende Ta-
baktyp *Nicotiana rustica* wurde im gesamten Kontinent für das
Rauchen in unterschiedlichen Pfeifen eingetauscht. Wenn man
von der neuzeitlichen Feindseligkeit zwischen einigen Völkern,
die behaupten, die heilige Pfeife gehöre einer Gruppe und nicht
der anderen, einmal absieht, kann man sagen, dass die Traditionen
der heiligen Pfeife vielgestaltig sind, eine tiefe Bedeutung besitzen
und seit langer Zeit existieren.

Die heilige Pfeife in all ihren Formen hat eine Macht, die nicht
unterschätzt werden sollte. Einmal ergab es sich beispielsweise,
dass ein heiliger Mann der Sioux zu Besuch in Mississippi war und
bei einem versuchten Raubüberfall schwer verletzt wurde. Er rief
mich zu sich, um mit ihm im Krankenhaus eine Pfeifen-Zeremonie
abzuhalten. Aus Sicherheitsgründen erklärte das Krankenhaus-
personal, dass der einzige Ort, an dem wir die Zeremonie abhalten
konnten, der Raucherbereich der Schwestern draußen war. Obwohl

dies ein unfruchtbarer Flecken Erde mit nur wenigen braunen Grasbüscheln war, wurde das Gras grün und begann zu wachsen, als er seine Gebete sprach. Ein anderes Mal wurde ich eingeladen, eine Erdheilungs-Zeremonie in Natchez, Mississippi, abzuhalten. Um meine Gastgeberin zu ehren, lud ich sie am nächsten Tag zu einer Pfeifen-Zeremonie ein. Sie sagte, dass sie sich wünschte, ihr in Neu-Mexiko lebender Freund könne teilnehmen. So sagte ich ihr, dass sie ihn auf dem Handy anrufen solle, damit er dann aus der Ferne teilnehmen könne. Anschließend erzählte er ihr, dass seine gesamte Nachbarschaft während dieser Zeremonie verwandelt worden war – alles wurde ruhig, viele Hunde kamen und saßen respektvoll am Rande seines Hofes, auch Vögel kamen und sein Haus war tagelang von wunderbarem Licht erfüllt.

Die Kraft der heiligen Pfeife, die nicht mit Logik zu erklären ist, ist der physische Ausdruck der Macht des Schöpfers. Sie ist heilig, weil die Völker sie als heilig bewahren, und ihre Kraft durchdringt die eines jeden menschlichen Wesens. Außerdem stammt die Kraft der heiligen Pfeife aus ihrer Verbindung der männlichen und weiblichen Energien, als eine Widerspiegelung der Schöpfung selbst. Der Pfeifenkopf stellt die weibliche Energie dar; der Pfeifenstil symbolisiert die männliche Energie; wenn Kopf und Stil verbunden sind, dann ist die Pfeife die Schöpfung selbst. Alles das, was gesagt und gedacht wird, wenn man die Pfeife in den Händen hält, wird zu einem Gedanken im Geist des Schöpfers. Der Rauch ist das Gebet, das in das Medium der Luft hinausgeht; er verbindet dabei alles mit dem Göttlichen und verschmilzt das Gebet mit dem Schöpfer.

Ob Mann oder Frau, ein Pfeifenträger zu sein, ist eine Berufung; sie kann nur von einem Menschen erfüllt werden, der offen genug ist, die Kräfte der Pfeife durch sich hindurch arbeiten zu lassen, und der weiß, wie sie nach den heiligen Traditionen zu benutzen ist. Zudem sind solche Menschen, die eine Pfeife tragen, oft so bescheiden und ehrenhaft, dass sie ihre Fähigkeiten und ihr Wissen nicht anpreisen. Bei einem kürzlichen Treffen zum Beispiel, bei dem eine neue Pfeife eingeweiht wurde, wurden alle Pfeifenträger dazu eingeladen, die neue Pfeife zu rauchen und ihre eigene Pfeife darzubieten, so dass sich die Energien der verschiedenen Pfeifen mischen und einander stärken konnten. Aus einer Gruppe von etwa zwanzig Leuten zogen sieben Pfeifen hervor; keiner von ihnen hatte zuvor irgendeinen Hinweis darauf gegeben, dass sie Pfeifen trugen. Im Gegensatz dazu habe ich auch Menschen gesehen, die eine Pfeife besaßen, doch zum Tragen nicht geeignet waren. Das Ergebnis war, dass ihre Pfeife auf irgendeine Art und Weise bald verschwand, verloren, gestohlen, zerbrochen oder weggegeben wurde.

Wesentlich für ihren Nutzen und ihre Kraft ist auch die Art und Weise, auf die man eine Pfeife erlangt. Der vielleicht beste Weg, eine Pfeife zu erhalten, ist der, sie von einem spirituellen Ältesten geschenkt zu bekommen. Es ist auch möglich, eine Pfeife zu kaufen; und obwohl dies missbilligend betrachtet wird, so kann man eine Pfeife auch respektvoll kaufen, wenn dies auf die richtige Art und Weise geschieht. Zunächst muss man sich berufen fühlen, eine Pfeife zu tragen; dann sollte man sie reinigen, segnen und durch eine heilige Person einweihen lassen. Eine weitere gute

Art, eine Pfeife zu erlangen, ist der, eine selber zu machen. Zuerst sollte man die Materialien für eine Weile mit sich tragen, um zu sehen, welche Form der Schöpfer vorschlägt; dann, wenn man sie gestaltet hat, sollte man sie von einer heiligen Person oder einem Medizinmenschen segnen lassen.

Die Pfeife, die ich heute am meisten verwende, wurde von einer Reihe von besonderen Menschen gemacht, und die Vision davon, wie dies geschehen sollte, kam mir in einem wiederholten Traum. Da ich im Schnitzen nicht geschickt bin, rief ich schließlich eine Frau an, die Pfeifen schnitzt. Glücklicherweise hatte ihr Ehemann, ein Ojibway, einen ähnlichen Traum und sagte, er würde sie für mich machen. Er selbst wiederum erzählte einem Freund aus dem Stamm der Wahpeton-Sioux davon, der die Pfeife auch in der Traumzeit sah und sie herstellte. Dann benötigte sie noch einen Stiel. Ich beschrieb den Stiel einer anderen Cherokee-Frau, die in Texas lebte, und sie erinnerte sich an einen derartigen Stiel, der bei einem Sioux in Iowa hergestellt wurde. Sie fuhr nach Iowa und erhielt ihn als Geschenk von dem Mann. Dann sammelte eine Frau irokesischer Herkunft Walnüsse in Massachusetts und schickte sie, damit sie für das Beizen des Stiels verwendet werden konnten; während eine weitere Frau, vom Stamm der Sauk und Ottowan, den Pfeifenbeutel herstellte. Ist diese Pfeife nicht in der Tat das Produkt des Großen Mysteriums? Wann immer sie nun geraucht wird, tragen die Gedanken und Energien all dieser Menschen zum Segen der Zeremonie bei, und sie erhalten Segenswünsche im Gegenzug.

Der verstorbene Fools Crow, einer der am meisten verehrten heiligen Sioux der modernen Zeit, ließ häufig Pfeifen nach seiner Beschreibung anfertigen, nachdem er von ihnen geträumt hatte. Dann gab er sie an ausgewählte Menschen, etwas, was auch ich routinemäßig tue.[10] Es gibt keinen Zweifel daran, dass die Energien, die in das Erhalten, Herstellen oder Verschenken von Pfeifen gehen, zur Kraft einer jeden Zeremonie und der generellen Fähigkeit der Pfeife, positive Energie und Heilung zu bewirken, beitragen. In der Tradition der Cherokee werden Pfeifen aus vielen verschiedenen Materialien, häufig aus Ton, hergestellt und können jede Gottheit, jeden Traum, jeden Wunsch oder jedes Begehren repräsentieren. Alle auf heilige Art und Weise hergestellten Pfeifen haben Macht und sollten geehrt werden, unabhängig davon, aus welcher eingeborenen Tradition sie stammen. Viele Jahre lang trug ich eine in Singapore hergestellte hölzerne Pfeife, bis ich sie schließlich einer besonderen Lakota-Frau schenkte, die sie in Ehren hielt.

## Zeremonie: Die Pfeife rauchen

Für die Zeremonie des Pfeife-Rauchens nimm deine Pfeife zunächst mit Ehrfurcht aus ihrem Beutel. Lege den Pfeifenkopf und den Pfeifenstiel, die immer getrennt eingewickelt sind, auf ihre Umhüllung (zum Beispiel rotes Tuch). Verbrenne Salbei über der Pfeife und blase den Salbeirauch zunächst durch den Stiel und dann durch den Kopf, wobei du beide gründlich einräucherst. Als Nächstes stecke den Stiel in den Pfeifenkopf, wobei du den Kopf gegen Mutter Erde hältst; wenn notwendig, benetze den Stiel mit deinen Lippen und deiner Zunge, bevor du ihn in den Pfeifenkopf steckst, damit er gut abschließt. Dann atme den Salbeirauch durch den zusammengebauten Pfeifenstiel und -kopf und stelle sicher, dass sie beide gereinigt sind.

Stopfe die Pfeife mit dem Pfeifenkopf auf der Erde ruhend und biete dabei, mit Osten beginnend, allen Himmelsrichtungen eine Prise Tabak dar. Biete auch dem Schöpfer oben und der Mutter Erde unten sowie allen guten Geistern eine Prise dar, bevor du die Pfeife füllst – gewöhnlich mit reinem Tabak ohne Konservierungsstoffe, obwohl er mit verschiedenen Kräutern vermischt werden kann. Nimm die Pfeife mit dem Pfeifenkopf in der linken und dem Pfeifenstiel in der rechten Hand auf – dabei halte den Pfeifenkopf immer deinem Herzen zugewandt – und strecke sie nach oben gen Himmel als ein Opfer an den Schöpfer. Drehe den Stiel im Uhrzeigersinn zu deinem Mund und zünde die Pfeife an. Sobald sie brennt, biete sie erneut dem Schöpfer dar, mit dem Stiel nach vorn, und lasse den Schöpfer den ersten Zug nehmen. Dann bewege den Stiel im Uhrzeigersinn zu deinem Mund, ziehe mehrfach tief an der Pfeife und fächele den Rauch so, dass er deinen Kopf und Körper bedeckt. Atme den Rauch als Gebet wieder aus. Sprich deine Gebete, während du die Pfeife hältst, und wenn du in Gesellschaft bist, reiche die Pfeife zu deiner Linken weiter, immer mit dem Pfeifenstiel in Uhrzeigerrichtung und mit der Pfeife in beiden Händen, die linke Hand am Pfeifenkopf, die rechte am Stiel. Wenn die Pfeife ausgeht, während sie um den Kreis wandert, stopfe den Tabak nach unten und zünde ihn wie zuvor erneut an.

Nach der Zeremonie, sobald die Pfeife ausgebrannt ist, sollte die Asche entweder für eine spätere Zeremonie aufbewahrt oder zum heiligen Feuer gegeben werden, sofern eines brennt. Die Pfeife sollte dann sofort auseinandergenommen und ehrfürchtig wieder verpackt werden. Wenn du dich in dem heiligen Kreis einer Hütte befindest, lege die Pfeife zunächst auf einen Pfeifenständer oder auf den Altar, bis die gesamte Zeremonie vorbei ist.

Außer in einer heiligen Zeremonie, sollte die Pfeife niemals öffentlich ausgestellt werden, und sie sollte immer geehrt werden. Nach dem göttlichen Geist darf die Pfeife nur zur angemessenen Zeit herausgenommen werden, niemals auf eine Aufforderung hin. In jeder Situation befrage die Pfeife, ob sie herausgebracht werden sollte, und folge ihren Wünschen. Manchmal wird sie darum bitten, nur gestopft und nicht geraucht, sondern nur getragen zu werden. Dies bedeutet gewöhnlich, dass sie einen besonderen Ort und Zweck im Sinn hat, für den du sie tragen musst. Der Geist wird dich durch die Pfeife immer dahin leiten, wohin du gehen musst, und zu dem, was du tun musst.

Die Zeremonie des Pfeife-Rauchens kann allein daheim oder allein in der Natur vollzogen werden, mit allen Geistwesen, Krafttieren und Geistern des Landes und des Wassers. Sie kann auch in Gruppen stattfinden, wobei die Menschen dann auf dem Boden sitzend einen Kreis bilden. Es ist eine kraftvolle Zeremonie. In den Händen einer heiligen Person oder eines Medizinmenschen kann die Pfeife Wunder vollbringen, doch in den Händen von jemandem, der sie nicht ehrt, kann großer Schaden aus der Zeremonie hervorgehen. Die Gedanken und Gebete derjenigen, die an der Zeremonie teilnehmen, können Einsichten, Führung sowie Heilung für die Anwesenden wie auch für Nicht-Anwesende bringen.

### Zeremonie: Gebetsstab-Training

Für Menschen, die keine *chanunpa* haben oder der Pfeifen-Tradition nicht folgen wollen, bietet der Gebetsstab einen alternativen Weg zu Führung und Heilung, der von jedem überall benutzt werden kann. Ich lernte dies vor vielen Jahren, als ich meine erste *chanunpa* erhielt und große Furcht vor ihr hatte. Obwohl sie zur rechten Zeit und am rechten Ort zu mir kam und ich wusste, wofür und wie sie benutzt wurde, fühlte ich mich innerlich nicht bereit für die Verantwortung, ein solches Werkzeug der Schöpfung in meinen Händen zu halten. Ich hatte Angst vor seiner Macht und traute es mir selbst nicht zu, aufrichtig zu sprechen. Meine Befürchtungen vertraute ich einem vertrauenswürdigen Ältesten an, der lachte und sagte: „Versuche es mit einem Gebetsstab, den du jeden Tag etwas länger verwendest, bis du genug Selbstbewusstsein spürst, deine Pfeife zu rauchen."

So stellte ich aus einem von einer Bachböschung geschnittenen Schilfrohr einen Gebetsstab her, um den ich mein Wampum wob. Dieses hatte ich auf die ursprüngliche Weise nach Anleitung des Friedensstifters Deganawida hergestellt, indem ich zunächst Perlen ausgewählt hatte, die Leid und Freuden sowie Ereignisse und Dinge in meinem Leben darstellten, für die ich dankbar war. Diese Perlen hatte ich dann zusammengewoben, wobei die Arbeit selbst hierbei als Heilgebet diente.

Danach nahm ich jeden Tag meinen Gebetsstab aus meinem Medizinbeutel und übte, ihn zu halten und meine Wahrheit zu sprechen. Es brauchte eine Menge Übung, zu lernen, wahrhaftig und ohne Täuschung aus meinem Herzen heraus statt mit meinem Verstand zu sprechen; gegenwärtig zu bleiben und mich nicht von den Ereignissen des Tages ablenken zu lassen; und Affirmationen zu sprechen, mit Vergebung für mich selbst und andere. Mit der Zeit lernte ich, von meinem heiligen inneren Raum aus zu sprechen und fand Heilung, Trost und Kraft.

Nachdem ich dies mit einem Gebetsstab bewältigt hatte, nahm ich die Pfeife und rauchte sie. Dabei sprach ich meine Wahrheit, wodurch sich meine Worte in ein Gebet verwandelten. Wie ich herausfand, war der Schlüssel folgender: Wenn du den Gebetsstab hältst, kannst du nur innere Wahrheit vom Herzen aus sprechen, was häufig beträchtliche Selbstprüfung, Intuition und Gebet voraussetzt. Was du sagst, mag nicht immer viel Sinn machen, da es auf der Emotion, nicht auf der Logik basiert, und du magst dich wiederholen, weil die Wahrheit vielleicht bruchstückhaft und erst mit der Zeit hervorkommt; doch deine Wahrheit wird letztendlich hervortreten und all die Verstimmungen, Verletzungen und Unehrlichkeiten werden durch Heilung, Mitgefühl, Frieden und Freude ersetzt.

Ein Gebetsstab kann aus jedem Material hergestellt werden. Einige sind kunstvoll, mit Perlen besetzt, jede Perle mit einem Gebet angenäht; andere sind einfach, ein vom Boden aufgelesener Zweig mit angeknüpftem Tuch. Ob aufwändig oder einfach, der Gegenstand sollte als heilig hergestellt, behandelt und gehalten werden. Wenn du ihn hältst, dann spreche nur vom Herzen, nicht vom Verstand aus. Dies kann Stunden des Schweigens bedeuten, doch die Übung wird Disziplin, die Pfade der Wahrheit und die Fähigkeit, den heiligen inneren Raum zu erkennen und zu äußern, lehren.

*Aus dem Energie-Notizbuch:*
*Die Pfeife trägt dich*

Annette Waya und ich besuchten im August 2006 das Peace Village, einen ganz besonderen Ort in Vermont, der von Sunray, einer dem planetarischen Frieden gewidmeten internationalen spirituellen Gesellschaft, betrieben wird. Als wir von dort zurückkehrten, wurden wir an die Macht der Heiligen Pfeife erinnert.

Schirmherrin des Peace Village ist Dhyani Ywahoo, Häuptling der dortigen Green Mountain Ani Yunwiwa (Volk der Cherokee) und der 27. Generation der Ywahoo („Großes Mysterium")-Abstammung spiritueller Ältester. Sie ist der Inbegriff der alten Zeit, der traditionellen Friedenshäuptlinge, der spirituellen Ältesten und Führer von großem Tiefgang und Wissen. Ebenso wie sie besitzt auch der Ort eine sehr hohe Schwingungsrate. Wir befanden uns sozusagen in „Überflieger"-Stimmung, als wir abfuhren und uns auf das Einsteigen in unser Flugzeug am Flughafen Manchester, N.H., vorbereiteten. Während der Sicherheitskontrolle wurde ich allerdings herausgegriffen und beiseite geleitet, weil ich etwas „Verdächtiges" in meinem Handgepäck hatte: Die heilige Pfeife.

Sobald ich am Tisch der Sicherheitskontrolle sah, welcher Gegenstand ihr Interesse geweckt hatte, erklärte ich dem Inspektor, dass es eine *chanunpa*, ein heiliges Objekt, war und ich es vorziehen würde, wenn nur ich sie berühren würde.

Es war so, als hätte ich gesagt: „Hallo, mein Name ist Osama bin Laden und, wenn Sie entschuldigen würden, ich würde gern meinen Schuh anzünden." Plötzlich war ich von großen, kräftigen Sicherheitsbeamten der Flugtransportverwaltung mit Abzeichen und Uniformen umgeben. Der Aufseher – ein großer, ziemlich einschüchternder Bursche – wurde herbeigerufen. Ich werde dies nie vergessen.

Normalerweise bin ich ein nicht anmaßender Typ, der überall lieber unerkannt durchgeht, ohne Aufheben zu verursachen; ganz sicherlich niemand, der sich bewaffneter „Autorität" widersetzt oder gar der Gegenstand einer Strafverfolgung war. Ich bin 1,83 Meter groß, doch der Aufseher war mindestens einen halben Kopf größer als ich und zweimal so breit, und mit seinem Gesicht fünfzehn Zentimeter von meinem entfernt, mit seinen Augen, die sich in meine bohrten, wiederholte ich meine Bitte: „Dies ist heilig, geweiht, und ich würde es vorziehen, dass nur ich das Bündel anfasse."

Wie groß auch immer das Risiko oder die Angst war, dies war etwas, das ich tun musste. Wenn es um die Pfeife geht, ist die Lage ernst. Die Pfeife gab es bereits, bevor irgendeiner von uns geboren war, und sie wird auch noch vorhanden sein, nachdem jeder jetzt Lebende verstorben ist. Sie ist wichtiger als jeder, der sie trägt; doch wer auch immer sie trägt, muss sie auf angemessene Art und Weise tragen, selbst wenn dies Gefahr bedeutet. Denn ohne Respekt und Opfer – welche Bedeutung hätte sie dann? Der Pfeifenträger muss der Pfeife Ehre machen; denn wenn er oder sie die Pfeife nicht auf angemessene Art und Weise trägt, dann ehren er/sie weder die Pfeife noch diejenigen, die sie tragen oder getragen haben, noch zeigen sie den gebührenden Respekt für diejenigen, die die Pfeife noch tragen werden und sie und ihre Traditionen damit durch die Generationen ehren. Wenn dies bedeutete, dass mein nächster Halt im amerikanischen Gefangenenlager in Guantanamo Bay, Kuba, oder in einem Krankenhaus war, wo ich mich von gewaltsamer Haftnahme erholen musste, dann war dies so. Die Pfeife und ihre Traditionen werden überdauern, selbst wenn das Fleisch schwach ist.

Nach einer scheinbaren Ewigkeit, in welcher der Aufseher mich offenbar abgeschätzt hatte, sagte er: „OK, wenn das so ist, dann ziehen Sie Ihre Jacke aus, leeren alle Ihre Taschen, ziehen sie nach außen und halten Ihre Hände deutlich sichtbar."

Ein wenig erleichtert, tat ich wie befohlen und fuhr fort, die Pfeife aus ihrem Bündel auszuwickeln. Dabei erklärte ich einige der Symbole an der Außenseite des Bündels (meine Krafttiere, spirituelle Verbindungen), wickelte das rote Tuch auf (heilige Farbe, zum Schutz), erwähnte den darüber verstreuten weißen Salbei und ließ sie daran schnuppern (dient zur Reinigung), den Tabak (einfach „normaler" Tabak – zum Teil ein Geschenk von anderen spirituellen Ältesten, denn wir teilen diese Dinge), ein paar Kräuter (alle legal), bis ich schließlich den Pfeifenstiel aus seiner Umhüllung und den Pfeifenkopf aus seinem Bündel nahm (und dabei erklärte, dass diese immer getrennt voneinander aufbewahrt werden, bis die Zeremonie tatsächlich stattfindet) und sie so hielt, dass alle Sicherheitsbeamte im Kreis sie sehen konnten.

Als die Pfeife enthüllt war, wandelte sich plötzlich die Energie des Augenblicks. Der Gesichtsausdruck des ehemals bedrohlichen Aufsehers veränderte sich plötzlich von dem einer genauen Inspektion zu absolutem Entzücken, wie bei einem Kind zu Weihnachten, wenn ein Geschenk, das lange unter dem Weihnachtsbaum lag, endlich ausgepackt ist. „Oh", sagte er in leicht singendem Tonfall, mit dem Gesichtsausdruck eines kleinen Jungen: „Eine Friedenspfeife!"

„Nun", sagte ich, „manche nennen sie so."

Und ich fuhr fort, die Pfeife und ihre Bedeutung zu erklären. Die Sicherheitskräfte verliefen sich wieder und setzten ihre Arbeit fort – alle, bis auf eine Frau. Sie hatte noch einige Fragen über die Pfeife und die damit einhergehenden Zeremonien, während ich sie wieder einwickelte, jedes Stück auf respektvolle Art und Weise. Ich erzählte ihr, dass ich gerade ein Buch schriebe, welches bald herauskommen würde (dieses!) und sie vielleicht lesen sollte, wenn sie mehr dazu lernen wollte.

Dann sagte sie etwas, das mich bis ins Innerste erschütterte.

„Wie lange haben Sie gebraucht, um all dies zu lernen?", fragte sie.

Ich musste ernsthaft nachdenken. „Hmmm. Sieben Jahre", antwortete ich.

„Sie müssen sehr gute Lehrer gehabt haben", erwiderte sie.

Da kam mir in den Sinn, dass dies der wahre Grund dafür war, warum ich beiseite geleitet worden war. Nicht aus Gründen der „Sicherheit". Nicht aufgrund von „Terrorismus" oder einer anderen, auf Furcht basierenden Sache, sondern damit der göttliche Geist Licht und Liebe an einem Ort verschenken konnte, wo sie bitter benötigt wurden. Ja, dachte ich, und was ist die Lektion hier?

Ich hielt gerade die Feder, die ich zum Reinigen der Pfeife verwende (die Pfeife darf niemals mit Metall berührt werden), und fragte sie, ob ich etwas tun dürfe. „Sicherlich", sagte sie. Ich nahm die Feder und begann, sie damit leicht abzubürsten, ihr Gesicht, ihre Stirn, ihr Haar, ihre Arme, ihren Körper, und strich sanft alle Negativität hinweg. „Dies nennt man eine Feder-Segnung", erzählte ich ihr. Sie ist leicht auszuführen und kann jederzeit angewendet werden, mit jeder Feder, vielleicht der eines Rotkehlchens oder eines Zaunkönigs, was man auch immer findet. Wenn sie mehrfach am Tage hinausgehen und sich sanft mit einer Feder von Kopf zu Fuß abbürstete, würde sie alle Negativität, alle Anspannung und Furcht entfernen. In ihrem Beruf, so sagte ich ihr, umgeben von angstvollen, nervösen Menschen, wäre dies eine gute Sache – während sie dies tue, solle sie sich in Mutter Erde erden, die sanfte Liebkosung des Windes spüren und vielleicht den Vögeln zuhören, die zu ihr sprächen. Sie würde erfrischt und gestärkt zurückkehren, voller Licht, geschützt und eins mit allem. Als ich fertig war, dankte sie mir, und Annette und ich gingen unseres Weges.

Die Lektion ist diese: Wenn du die Pfeife trägst, denke daran: Die Pfeife trägt dich. Du weißt nie, wohin sie dich trägt oder was benötigt wird. Es mögen Mut und Überzeugung notwendig sein, doch immer die Liebe. Wenn du mit dem Tragen der Pfeife der Tradition der Pfeife folgst, wird alles gut werden.

## *Vision Quest* (Visions-Suche), Fasten oder Pfeifen-Fasten

Visions-Suche, Fasten oder Pfeifen-Fasten sind in den vergangenen Jahren so populär geworden, weil dies ein direkter Weg dahin ist, die Natur in all ihrer Kraft zu erfahren, mit Geistwesen kommunizieren zu lernen, Führung zu finden und generell Einsicht in die Bedeutung des Lebens zu gewinnen. Bei verschiedenen eingeborenen Völkern wird eine Visions-Suche oft von jungen Männern (manchmal auch jungen Frauen) auf der Schwelle zum Erwachsensein unternommen, um Einsicht in die Weisen der Natur, des Geistes und ihren Platz im Leben auf Erden zu gewinnen. Medizinmenschen oder heilige Personen hingegen führen Visions-Suchen unterschiedlich und zu verschiedensten Zwecken aus. Diese können das Ehren einer verstorbenen Seele oder das Feiern eines großen Ereignisses sein, oder es kann sich darum handeln, Führung und Weisheit zu bringen, wenn jemand Probleme hat. Das Wichtigste dabei ist, dass während des Fastens alles heilig ist und Kraft besitzt; das Fasten bietet einen Zugang zu der Welt, die jenseits der normalen Realität liegt.

Eine Visions-Suche wird häufig Pfeifen-Fasten genannt, weil ein Mensch gewöhnlich erst eine Visions-Suche ausführen muss, bevor er oder sie als bereit erachtet wird, eine Pfeife zu tragen. Das Fasten lehrt, die Mächte des Schöpfers zu sehen, zu hören und zu verstehen, und Gedanken (Ego/Persönlichkeit) von dem, was wirklich real ist, zu unterscheiden – alles Fähigkeiten, die für die Benutzung der Pfeife und das Sprechen der Wahrheit vom Herzen notwendig sind. Es heißt nicht, dass dies die Berufung der Person zum Pfeife-Tragen ist; nur dass sie darauf vorbereitet ist, falls sie vom Schöpfer dazu berufen wird.

Obwohl eine 4-Tages-Visions-Suche zur populärsten Form dieses Rituals geworden ist, gibt es viele andere Wege, um die gleichen Ziele zu erreichen. Beispiele hierfür sind *us'ste'lisk – allein mit dem Feuer sein*, wie es von den Cherokee praktiziert wird; den Suchenden für Tage in eine abgedeckte Grube zu legen; oder die Person für eine Reihe von Tagen auf einen Berg zu führen. Während das Fasten ein zentrales Thema solcher Visions-Suchen ist, kann eine „Fastenzeit", technisch gesehen, die Abstinenz von jeglicher Nahrungsaufnahme oder Aktivität bedeuten, um die Beherrschung des Körpers und Opferbereitschaft zu zeigen. Die Form, sich an einem einsamen Platz für viele Tage der Nahrung und des Wassers zu enthalten, wird den Lakota zugeschrieben, doch eigentlich ist sie vielen Indianer-Stämmen bekannt. Peter V. Catches zum Beispiel, ein Lakota-Medizinmann des Spotted Eagle Clan der 38. Generation, hat seit vielen Jahren Pfeifen-Fastenzeiten in der Tradition seines Clans geleitet.[11] Zunächst führt er jemanden in ein Ein-Tages-Fasten ein; zur gleichen Zeit im nächsten Jahr führt er ihn in eine Fastenzeit von zwei Tagen ein, im folgenden Jahr in drei Tage und schließlich im vierten Jahr in vier Tage. Dieser traditionelle Lakota-Brauch zeigt das Engagement des Einzelnen und erlaubt der Person, die während der Fastenzeit gelernten Lektionen auf eine Weise aufzunehmen, die in ihrem Leben anhält.

Es kommen häufig Menschen zu mir, die auf eine Visions-Suche geschickt werden wollen. Monate vorher erkläre ich die verschiedenen Arten, auf die dies geschieht, und die Person beschreibt, was er oder sie vom Fasten erwartet. Im Allgemeinen beginnen wir am ersten Morgen mit einer Schwitz-Zeremonie, dann wird die betreffende Person in den heiligen Kreis gesetzt. Am nächsten Morgen, bei Sonnenaufgang, werde ich nachsehen, wie es der Person geht und ob sie gefunden hat, was sie gesucht hat, oder ob ein weiterer Tag benötigt wird. Dieser Vorgang wird so lange fortgesetzt, wie die Person benötigt, um das zu erhalten, was sie sucht. Dann halten wir eine Schwitz-Zeremonie ab, und die Person wird die Visionen in der Hütte beschreiben, um sie besser zu verstehen und um sie in der Welt Wirklichkeit werden zu lassen.

Ohne die Visionen in dieser Form mitzuteilen, kann es für den Suchenden schwierig sein, sie zu verstehen oder gar anzuerkennen. Eine Frau, die auf eine Suche geschickt wurde, beschwerte sich bei mir darüber, dass sie die gesamte Zeit damit verbracht hätte, auf eine Vision zu warten, und alles, was sie gesehen hätte, wäre eine Ameise gewesen. Sie hingegen hatte etwas Dramatisches, wie Lichter, Bilder, *kachinas* oder die herunterreichende Hand Gottes erwartet. Was sie nicht verstanden hatte, war, dass die Ameise Gott war. Wäre sie tiefer in diese Erfahrung hineingegangen und hätte sie die wahre Kraft von allem, was geschah, gesehen, dann hätte sie erkannt, dass die Vision einer Ameise ein großes Geschenk war, das eine wichtige Einsicht über die Vernetzung, das Einssein aller Dinge der Schöpfung, verkörperte. Doch ihre Bindung an die normale Realität hatte sie davon abgehalten, den wahren Zauber ihres Fastens anzuerkennen.

Wenn jemand in das Fasten geht, so ist es wichtig, dass ein Ältester oder eine vertrauenswürdige Person „das innere Gleichgewicht" für die fastende Person hält – durch Wachehalten aus der Ferne, die Person im Gebet tragen, prüfen, dass es ihr gut geht und so weiter. Dies sorgt für die notwendige Erdung, so dass die fastende Person einen Referenzpunkt hat, um ein wenig Anbindung an die materielle Welt aufrechtzuerhalten, wie auch um eine Perspektive anzubieten, wenn das Fasten vorüber ist.

Die Führung einer heiligen Person kann bei der Interpretation von Visionen hilfreich sein. Außerdem organisieren Älteste die Visions-Suche häufig für vier Tage, weil sie sagen, dass es so lange für einen Menschen dauert, um zu hören, was der Schöpfer sagt, und um die wichtigsten Lektionen der Vision aufzunehmen. Welche Variante der Visions-Suche ein spiritueller Ältester auch empfiehlt, es ist immer eine potenziell kraftvolle Zeremonie zur Selbstfindung und Heilung.


*Zeremonie: Den Himmel malen*

In der modernen Gesellschaft ist es schwierig, völlig gegenwärtig, versunken in die Schönheit der Natur und eins mit den Elementen zu sein. Einige der über die Jahrhunderte überlieferten Zeremonien mögen dem Einzelnen mit all seinen Zeitplänen und dem Bedarf für die Annehmlichkeiten des Daseins heute furchterregend erscheinen. Die Zeit des Fastens, eine Zeit, die ohne besonderen Fokus verbracht wird, und der Gedanke, eins mit der Natur zu werden, können einschüchternd wirken. Ein weniger anstrengender

Weg für die Verbindung mit der Natur kann jedoch ein Sandgemälde sein, das als Vorbereitung für eine längere und anstrengendere Visions-Suche dienen kann.

Eine aufschlussreiche Form des Sandmalens ist es, „den Himmel zu malen". Darin wird farbiger Sand dazu verwendet, jede einzelne Farbe des Himmels innerhalb einer 24-Stunden-Periode abzubilden, wobei der Sand mit fortschreitender Stunde von außen spiralförmig zur Mitte eines Kreises hin gelegt wird, so dass am Ende der vierundzwanzig Stunden die Farbe der Mitte des Kreises mit der des äußersten Bandes übereinstimmt. Zunächst trage Sand in vielen verschiedenen Farben zusammen, indem du ihn entweder in der Natur sammelst oder in einem Bastelgeschäft kaufst. Dann finde einen Ort in der Natur, wo der Himmel sichtbar ist und wo du für vierundzwanzig Stunden ungestört sein wirst. Wenn du in der Stadt lebst, dann überlege dir, im Hinterhof eines im Vorort lebenden Freundes zu campen. Beginne eine Weile vor der Morgendämmerung, gestalte einen heiligen Kreis und räume darin einen Kreis frei von Steinen und Kieseln. Beginne mit der Farbe des dunklen Himmels; verwende dafür schwarzen Sand oder mische blau-schwarzen Sand und gieße ihn entlang der äußeren Umfassung dieses Kreises auf die Erde. Mit fortschreitender Zeit mische Sand so, dass er der Farbe des Himmels gleicht und fahre fort, den Kreis damit zu füllen, von außen spiralförmig nach innen gehend. Diese Aktivität wird dir ein Ziel geben, während du nach Einsichten und Führung suchst.

Wenn vierundzwanzig Stunden zu gewaltig erscheinen, versuche den Himmel vom Tageslicht bis zur Dunkelheit zu malen und verbringe dann die Nacht im Gebet oder in der Traumzeit, damit du die Lektionen der Natur integrieren kannst.

## *Spirit Quest* – Die Suche des Geistes

Eine Geistsuche kann als Pilgerreise ohne besonderes Ziel betrachtet werden, ähnlich der Zeremonie, die die australischen Aborigines als „Walkabout" – als spirituelle Wanderung zur Selbstfindung – bezeichnen. Der Sinn einer Geistsuche ist es, den Geboten deines Geistes zu folgen, um Lektionen über das Vorhandensein des göttlichen Geistes in allem sowie über die Bestimmung deiner Seele auf der Lebensreise zu erfahren.

Weil wir so viel Zeit unseres Lebens in der Unbewusstheit und Routine verbringen, sind uns die ständigen Wunder des Geistes um uns herum nicht mehr bewusst, und wir müssen aus unserem täglichen Leben heraustreten, um das Innere zu finden. Der Bestimmungsort einer Geistsuche ist daher unwichtig, doch erfordert die Suche, dass du absolut gegenwärtig bist, damit keine alten Gewohnheiten und Gedanken deine Wahrnehmungen bestimmen, dich wieder ins Unbewusste sinken lassen und damit vom Geist wegführen. Abgesehen davon, dass du mit alten Denk- und Verhaltensmustern brechen musst, wirst du auch emotionalen Ballast fallen lassen müssen. Er hält dich nur in einem ständigen inneren Dialog gefangen, lässt dich Urteile über dich selbst und andere fällen und schafft Einschränkungen und Barrieren für deine Wahrnehmungen. Du solltest in einer Geistsuche völlig gegenwärtig sein, um das *wakan* (das Heilige) in jedem Gegenstand und Ereignis sehen und somit vom Geist lernen zu können, damit deine Schritte zu Wachstum und Heilung größer werden und sich dein Leben erfüllter gestaltet.

Letztendlich ist eine Geistsuche keine Reise zu irgendeinem großen mystischen „Jenseits". Tatsächlich ist die Realität eines jeden Augenblicks größer als jede Projektion des Verstandes. Eine Geistsuche ist stattdessen eine innere Reise, um größere Wertschätzung der Realität und deines Platzes in ihr aufzubauen. Obwohl es nicht notwendig ist, dein Heim oder deine Umgebung hinter dir zu lassen, um auf eine solche Reise zu gehen, so hilft es wahrscheinlich in deiner Suche nach dem göttlichen Geist, wenn du dich außerhalb deiner gewohnten Umgebung befindest. Weil Menschen häufig von gewohnten Umgebungen eingelullt werden, ist es hilfreich, wenn du aus der Behaglichkeit deines gewöhnlichen sicheren Bereiches aufbrichst, um das Leben mit neuen Augen zu sehen. Wenn es erforderlich ist, neue Orte mit Erwartungen aufzusuchen, die als Ziele für deine Handlungen dienen, um die Schöpferseele zu finden und deine Augen für Wunder zu öffnen, dann hat eine solche Geistsuche ihren Sinn; denn wenn du nach Hause zurückkehrst, magst du den Weg des Geistes in dir erkennen. Außerdem hilft es, heilige Stätten zu besuchen, an denen die „Wände" zwischen der normalen und der außerordentlichen Realität durchlässiger und die Wahrnehmungen der Wahrheit weitreichender sind.

Gleichzeitig ist es jedoch irreführend zu meinen, dass du größere Wahrheiten außerhalb deiner selbst in irgendeiner äußeren Umgebung finden wirst, selbst wenn es eine heilige Stätte ist. Wenn wir uns wirklich auf dem Weg des Geistes bewegen, dann streben wir danach, Bedingungen zu schaffen, in denen wir die Seele des Schöpfers in allem, was wir täglich tun, erblicken können, wo auch immer wir sein mögen. Wenn unsere Wahrnehmung wahrhaftig so ausgeprägt wäre, so würden wir die Welt in einem Tautropfen finden, das Universum in einem Lied – und eine Geistsuche ist eine Erinnerung an diese Wahrheit.

## Zeremonie: Auf eine Geistsuche gehen

Wenn du auf eine Geistsuche gehen willst, lege zunächst einen allgemeinen Zeitrahmen und eine Reiseroute fest, um eine Perspektive zu schaffen. Sage zum Beispiel: „Ich will an dem und dem Datum an diesem und diesem Ort sein." Gewöhnlich gleiche ich meine Geistsuchen mit Workshops oder Konferenzen ab. Wenn ich also am 7. April in Crestone, Colorado, sein muss, dann bewege ich mich am 1. April in die generelle Richtung, in dem Bewusstsein, dass ich am 14. April wieder zurück sein muss. Einige Zeit vor dem 1. April halte ich meine Hand über verschiedene Bereiche auf einer Landkarte der Region, um zu sehen, welche mich „rufen". Obwohl viele Menschen eine Geistsuche in Form einer Reise machen, die wie eine Acht geformt ist, so ist die spezielle Form nicht so wesentlich. Wichtiger ist es, dass du der Führung des Geistes folgst. Immer, wenn ich während der Suche vor der Wahl stehe, welchem Weg zu folgen ist, prüfe ich, was der Geist rät.

Sei dir allerdings bewusst, dass der Geist keine Vorstellung von der Zeit hat, wie wir sie kennen. Einmal sagte mir der Geist, dass vor mir ein Ort läge, auf den ich hinauf solle. Ich fragte den

Geist wiederholt, ob ich bald dort sein würde, ob ich weiter zu gehen hätte und so weiter. Etwa zwei Stunden lang erhielt ich immer wieder „ja" zur Antwort. Schließlich, nach elf Stunden von scheinbarem Umherstreifen in die eine und in die andere Richtung, fragte ich den Geist erneut, und er sagte mir, dass der Ort nah wäre. Ich fuhr weitere hundert Meter und sah ein nach rechts deutendes Schild mit der Inschrift *Bear Mountain*. „Hier?", fragte ich. „Ja", kam die Antwort. Ich fuhr den Berg hinauf und erreichte einen einsamen Ort, scheinbar auf dem Dach der Welt, gerade als die Sonne unter- und der Mond aufging. Da ich es als einen magischen Ort empfand, hielt ich dort meine Nachtwache. Diese Erfahrung hat mir den großen Unterschied zwischen unserer Zeitauffassung in der täglichen Welt und der Welt des Geistes deutlich gemacht. Auch hat sie mich daran erinnert, dass das, was zählt, nicht das Ziel ist, sondern die Erfahrungen entlang des Weges.

## Fernheilung

Manchmal muss man Kraftobjekte verwenden, um Menschen in der Ferne zu heilen. Derartige Anlässe ergeben sich, wenn diejenigen, die Heilung benötigen, nicht in der Lage sind, Zeremonien zu besuchen. Wir sollten uns immer daran erinnern, dass wir mit allem verbunden sind und Zeit und Raum nichts bedeuten, wenn wir uns in unserem heiligen Kreis befinden. Ob ein zu heilender Mensch körperlich anwesend oder weit entfernt ist, macht keinen Unterschied. Wir sind alle miteinander verwandt, im Baum des

Lebens miteinander verbunden, wenn wir eine Zeremonie im heiligen Raum abhalten.

## Zeremonie: Fernheilung mit Edelsteinen

Die Heilung eines Menschen aus der Ferne kann mit Hilfe eines Kristalles und eines Stativs oder Dreibeins geschehen. Zunächst baue ein Stativ, indem du drei Stöcke an der Spitze mit einem Band umwickelst. Als Nächstes knüpfe einen Edelstein so an, dass er in der Mitte des Stativs hinunterhängt. Dann bastele eine Puppe oder einen anderen Gegenstand, der die Heilung benötigende Person repräsentiert, oder schreibe den Namen der Person auf ein Stück Papier und platziere dieses (das Papier, die Puppe oder den Gegenstand) unter dem Stativ. Programmiere den Stein, indem du ihn in der linken Hand hältst und die Energie aus deinem Herzen hineinfließen fühlst. Dann lasse das Stativ mit dem Stein stehen, um Heilung unabhängig von der Zeit zu bewirken; programmiere den Stein dabei zwischendurch gelegentlich neu. Eine derartige Heilungsaktion kann bei Bedarf Tage oder Wochen andauern.

Falls ein Stativ aus irgendeinem Grund unhandlich ist, kann eine Edelstein-Fernheilung auch in der folgenden alternativen Weise abgehalten werden: Zeichne auf den Boden oder auf ein Stück Papier das alte Heilsymbol *Umane* (UU-ma-ney), ein Quadrat mit vier kurzen, von jeder Ecke nach außen führenden Linien. Das *Umane*-Symbol ist viereckig, weil es nur einen Teil der Erde – genau genommen den Teil, den wir sehen oder wissen können – repräsentiert. Die in das Universum hinausreichenden Linien symbolisieren die Kraft der Erde jenseits dieses Teils. Dieses Symbol wird häufig in Piktogrammen oder Felszeichnungen im amerikanischen Südwesten gefunden und ist universal; der verwendete Name jedoch ist Lakota.

Innerhalb des *Umane* ziehe einen Kreis, der die Sonne repräsentiert. Lege die Puppe oder das Stück Papier mit dem Namen der Person in den Kreis und programmiere vier Edelsteine mit Herzenergie; dann lege je einen Stein so an jede Ecke des *Umane*-Symbols, dass sich seine Spitze innerhalb des Kreises befindet. Das *Umane*-Symbol repräsentiert die heilende Energie von Mutter Erde; und der Kreis symbolisiert die Sonne, die Kraft des Schöpfers, wie sie sich in Licht und Luft ausdrückt. Die Steine, mit ihren in den Kreis reichenden Spitzen, dienen zur Heilung als Brücken zwischen Himmel und Erde. Du kannst die *Umane*- und Sonnen-Symbole auch mit einem Stativ verwenden. Da die Energie des *Umane* die der Mutter Erde ist, kannst du die Kraft der Zeremonie weiterhin verstärken, indem du das *Umane*-Symbol auf die folgende Weise aus Erde gestaltest: Grabe ein kleines Viereck mit Ecken, die sich wie Dreiecke hinausstrecken, etwa drei Zentimeter in die Erde oder unter die Vegetationsebene. Erstelle darin einen Kreis mit sonnengebleichtem Sand oder mit Erde, die in der Sonne getrocknet worden ist.

## Gebetsstäbe

In Zeremonien werden Gebetsstäbe verwendet, um dem Himmel und der Erde Gebete darzubringen. Es gibt zwei grundsätzliche Typen:

– Gebetsstäbe, die für den wiederholten Gebrauch entworfen werden, können kunstvoll geschnitzt und mit Perlen bestickt sowie mit Knochen, Federn oder Steinen verziert sein.

– Einmalig verwendete Gebetsstäbe, die nach der Zeremonie vernichtet werden.

Dauerhafte Gebetsstäbe sollten auf ehrerbietige Weise hergestellt werden: Sie sollten mit Respekt geschnitzt werden, während man die Mächte zur Hilfe anruft und jede Perle mit einem Gebet einwebt. Wenn Knochen, Federn oder andere Gegenstände befestigt werden, sollten sie besondere spirituelle Bedeutung haben, die dabei helfen wird, Gebete zum Schöpfer zu leiten.

Einmalige Gebetsstäbe können im Gegensatz dazu einfach sein – ein schlichter Holzstab, der geschnitzt, mit Stoff oder Garn bedeckt oder umbunden ist. Doch auch seine Herstellung sollte immer auf andächtige Weise geschehen. Die Farben des verwendeten Tuches können die Richtungen des Medizinrads und seiner Mächte anzeigen oder sie können auch nur für dich eine besondere Bedeutung haben. Wenn du während der Herstellung der Gebetsstäbe Energie durch dein Gebet gibst, erhältst du ebenfalls Energie.

Nach einer Zeremonie lässt du die einmalig verwendeten Gebetsstäbe am besten zurück: Du kannst sie Mutter Erde schenken; die Bänder dienen dann als Gebetsflaggen zur Übermittlung der Gebete. Sie können auch in einem heiligen Feuer verbrannt und auf diese Weise als Rauch zum Geschenk werden oder in einen Fluss oder Ozean geworfen werden. Wie auch immer die Gebetsstäbe verschenkt werden, die Gebete, die du durch Absicht in sie hineingibst, werden für einige Zeit durch die Kräfte des Feuers, des Wassers, der Erde und der Luft verwandelt weiterwirken. Ein Beispiel ihrer Kraft: Annette und ich stellten Gebetsstäbe aus heruntergefallenen Zweigen mit der Absicht her, dass wir unsere Leben teilen würden; dann übergaben wir sie einem Bergfluss – und einige Monate später waren wir verheiratet.

## Schutz

Manchmal ist es notwendig, sich vor negativer Energie, die dir gesandt wird, oder vor einem psychischen Angriff zu schützen. Es kommt in solchen Situationen nicht darauf an, wie mächtig die Eindringlinge zu sein scheinen, denn die Macht des Schöpfers macht ihre Anstrengungen immer zunichte. Da die Verwendung negativer Energie absolut mit dem Ego verbunden ist, hat sie nur eine begrenzte Kraft. Du kannst dich daher schützen, indem du so viel persönliche Kraft wie möglich aufbietest – einfach dadurch, dass du gegenwärtig und geerdet bist und dich in deiner Mitte befindest –, und dann deine Krafttiere, Geistführer, Engel und die Mächte bittest, dir zu Hilfe zu kommen.

Die meisten Menschen werden in der Tat ständig von ihren Engeln und Krafttieren beschützt, und jeder Mensch verfügt zudem über die Fähigkeit, der negativen Energie die Türen zu öffnen und zu schließen. Magier, Hexen und andere Wesen mit schlechten Absichten versuchen manchmal, dich so zu täuschen, dass du glaubst, sie haben bereits Kontrolle über dich. Wenn du „anbeißt" und ihnen glaubst, dann öffnest du ihrem Einfluss die Türen. Da du einen freien Willen hast, werden dich deine Geistführer und Engel nicht von einer Handlung abhalten, selbst wenn es eine falsche ist.

Die Tür, die der Negativität Einlass gewährt, ist Furcht und Widerstand. Wenn du dich vor solchen Personen oder Wesen fürchtest, dann stellst du energetisch eine Verbindung mit ihnen her und „nährst" sie dadurch. Liebe, Licht und Gelächter hingegen empfinden sie als schmerzhaft, insbesondere dann, wenn du sie auslachst. Mit den Kräften des Universums und des Schöpfers verglichen, sind sie in der Tat bemitleidenswert und lachhaft, wie machtvoll oder furchterregend sie auch scheinen mögen.

Es ist daher wichtig, sich daran zu erinnern, dass alle negative Energie, die dir gesandt wird, machtlos ist, solange sie nicht durch Furcht oder Widerstand Zugang zu deiner Psyche findet. Um dies zu veranschaulichen, schau dir an, wie du reagieren würdest, wenn eine Handvoll wütender Bienen auf dich geworfen würde: Wenn du sie anerkennst, Angst vor ihnen hast und nach ihnen schlägst, dann werden sie eher dazu neigen, dich anzugreifen. Doch wie auch ein Imker Rauch verwendet, um Bienen zu beruhigen, so kannst du Gebete oder Kraftobjekte, wie beispielsweise Edelsteine, verwenden oder deine Krafttiere und den Schöpfer demütig darum bitten, dich vor dem Eindringen der Negativität in dein Wesen und in deine private Umgebung zu schützen.

Wenn du ein Photo, eine Zeichnung oder eine andere Repräsentation deiner Krafttiere in deiner Tasche oder Geldbörse bei dir trägst, so kann dich dies daran erinnern, die Verbindung zu den Mächten zu halten. Sie bieten dir Rückversicherung und Führung, ungeachtet der Form der Energie, auf die du triffst.

### Zeremonie: Heimschutz einprogrammieren

Eine einfache Zeremonie, um dein Heim sowohl gegen zielgerichtete als auch unbeabsichtigte negative Energie zu schützen, besteht darin, auf Schutz programmierte Edelsteine auf jede Fensterbank im Haus zu legen. Die Steine können weniger als drei Zentimeter lang sein. Sobald du genügend von ihnen besorgt hast, programmiere jeden einzelnen und lege ihn auf eine Fensterbank. Für das Programmieren nimm einen Stein in deine linke Hand, fühle die Herzenergie und lenke Gefühle von Liebe und Schutz in den Stein. (Du programmierst einen Stein immer mit der linken Hand; mit der rechten Hand greifst du auf Informationen zu oder lenkst die programmierte Energie.)

Wenn keine Steine erhältlich sind, kannst du Zedernholz zum Schutz verwenden. Sammele das Holz – entweder Fallholz oder kleine Äste von den Bäumen – auf respektvolle Weise, indem du den Baum um Erlaubnis fragst und ihm erklärst, wozu das Holz verwendet wird und im Gegenzug Tabak oder Maismehl hinterlässt. Dann platziere die Zedernholzstücke an strategischen Plätzen, wie beispielsweise auf Fensterbänken oder über Türeingängen. Da Zeder auf jeden wirkt, der negative Schwingungen trägt, kannst du ein Stück Zeder neben deiner Eingangstür verstecken und mögliche Quellen der Negativität dadurch bestimmen, dass du beobachtest, wer sich in der Nähe der Tür nervös verhält.

Wenn du schon „durch Furcht hereingelegt worden bist" und zugelassen hast, dass du energetisch betroffen bist, so kannst du jeglichen Schaden heilen, indem du zunächst Folgendes tust: Verstärke sofort deinen Schutzkreis mit Hilfe von Steinen oder Zedernholz, räuchere das Innere deines Heims mit dem Rauch von Salbei oder Zedernholz aus, gehe viermal um dein Haus herum und verstreue Tabak, Maismehl oder Orangenschalen als Barriere. Als Nächstes gehe in dein Haus und trommele oder meditiere; bitte dabei deine Krafttiere um ihren Schutz und gewinne die positive Energie zurück, die dir genommen wurde. Während du trommelst oder meditierst, verbinde dein Heim durch deine Absicht mit dem Bewusstseinsnetz der Christus-Energie (von Eingeborenen-Völkern häufig die Feder von *Quetzalcoatl* genannt) und erhöhe so die Schwingungsrate. Antworte einer Person oder einem Wesen auf gar keinen Fall, indem du sie angreifst, da ihnen dies nur Energie geben würde. Verwende stattdessen Gebete, um negative Energie umzuleiten. Darüber hinaus bitte dein Krafttier, Spiegel um dich herum und um dein Haus zu errichten, um die dir geschickten Energien aller Art mit hinzugefügter Heilungsschwingung zurückzusenden.

## Stäbe, Zauberstäbe, Federn, Fächer und Rasseln

In Zeremonien verwenden Schamanen und andere Medizinmenschen häufig Stäbe, Zauberstäbe, Federn, Fächer und Rasseln; sie nutzen diese auch dazu, die Kraft und Absicht zu zentrieren.

**Stäbe** werden im Allgemeinen nicht in Gruppen-Zeremonien verwendet, sondern sind für den persönlichen Gebrauch, um Himmel und Erde zu verbinden. Sie geben häufig eines Menschen Tier-Totems oder andere Geistwesen wider. Stäbe sind sehr persönliche Gegenstände, denn ihr Holz wird sorgfältig ausgewählt, oft kunstvoll geschnitzt und mit solchen Artikeln wie Fell und Federn dekoriert, um die Beschützer und Krafttiere zu ehren. Sie besitzen ihre eigene Kraft, die – selbst aus der Ferne – in Harmonie mit der Kraft desjenigen arbeitet, der den Stab hält. In der Hand eines Schamanen funktioniert ein Stab als Baum des Lebens, der alles verbindet. Da Stäbe jedoch nicht in Gruppen-Zeremonien verwendet werden, sollten sie bei Betreten einer Zeremonien-Stätte an dem Ort zurückgelassen werden, den der Zeremonien-Älteste bestimmt hat. Das Platzieren eines Stabes innerhalb des Kreises einer Zusammenkunft oder außerhalb eines Tipis, einer Hütte oder eines Wohnplatzes wird als Anspruch auf den Besitz gesehen und daher als beleidigend empfunden, sofern dieser Bereich nicht speziell für diesen Zweck bereitgestellt wurde. Ein Stab sollte niemals unbeaufsichtigt an einem öffentlichen Ort gelassen werden, außer um beispielsweise den persönlichen Raum, wo ein Mensch schläft, zu schützen.

**Zauberstäbe** können in persönlichen Zeremonien, wie beim Erhalten und Aussenden von Energie für Heilung oder für den Schutz eines Bereiches, verwendet werden. Einige Edelsteine funktionieren als Zauberstäbe; sie sind in ihrer kristallinen Struktur so geformt, dass sie Energie aussenden und empfangen. Ein Zauberstab ist leicht gemacht, indem man ein hohles Schilfgras, wie Bambus oder Schilfrohr, sucht und einen kleinen Quarzkristall in seine Spitze steckt.

Auch **Federn** werden häufig als Zauberstäbe verwendet, da sie Himmel und Erde verbinden. Jeder Vogel hat seine eigenen Qualitäten, seine eigene Medizin, von der die Wahl der Feder abhängig ist. Blaue Reiher sind beispielsweise kraftvolle Heiler, welche die heilende Energie des Wassers widerspiegeln. Geier (auch „Friedensadler" genannt, da sie die einzigen Fleischesser sind, die nicht töten, um zu überleben), werden mit Transformation und Umwandlung in Zusammenhang gebracht. Adler fliegen hoch, schauen weit und werden als Boten des Schöpfers betrachtet, weshalb Medizinmenschen für Heilungszeremonien oder für Segnungen und Führung häufig Adlerfedern verwenden. Es sollte vermerkt werden, dass in den USA der Besitz von Adlerfedern unter Bundesgesetz verboten ist; eine Ausnahme bilden Mitglieder von bundesweit anerkannten Stämmen, doch selbst hier ist der Besitz geregelt. Um juristische Verwicklungen zu vermeiden, verwenden die meisten Leute Federn von heimatlichen Truthähnen in Zeremonien. (Truthähne werden oft „Erdadler" genannt, da sie die Rangältesten auf dem Land sind, weit schauen, schnell und schwer fassbar sind und als Reichtum bringende Kriegsvögel betrachtet werden).

Zeremonielle **Fächer** sind mit dem Gebet verbundene Gegenstände, die häufig von Frauen verwendet werden und gewöhnlich aus farbigen Federn hergestellt und wundervoll mit Perlen bestickt sind. Manche verzierte zusammenklappbare Fächer werden sowohl von Männern als auch von Frauen in Zeremonien der Native American Church verwendet. In den meisten öffentlichen Zeremonien halten die Frauen einen Fächer und haben einen Schal über einen Arm drapiert; das Legen des Schals zeigt den Familienstand der Frau an. Darüber hinaus ist der Fächer selbst eine Form des Gebets. Indem sie die Fächer an ihr Herz halten, sorgen die Frauen dafür, das eine Zeremonie im Herzen zentriert ist und verstärken so ihre Kraft. Heiler verwenden Fächer oder Vogelflügel häufig auch dafür, um Negativität und mögliche schädliche Energien von Menschen hinwegzubürsten. In der Zeremonie wird der Vogelflügel oft dafür benutzt, die Teilnehmer beim Betreten des heiligen Kreises in Salbeirauch zu „baden"; in spirituellen Tänzen können „Flügelmänner" dafür sorgen, dass die Teilnehmer von heiligem Rauch eingehüllt bleiben, damit sich ihnen keine Negativität anhängen kann. Indianische Heiler und spirituelle Führer der Vergangenheit sind auf Photos häufig mit ihren Flügeln dargestellt worden, ein Zeichen ihrer Rolle und ihres Standes innerhalb der Gemeinschaft.

In einer Zeremonie verwendete **Rasseln** können sein: Kürbisse, die noch ihren Samen enthalten; Kürbisse mit hinzugefügten Kieseln oder kleinen Quarzsteinen oder sogar leere, mit Kieseln gefüllte Limonaden- oder Wasserflaschen aus Plastik. Rasseln werden häufig gebraucht, um bestehende Energiemuster zu brechen, so dass mit dem Schaffen eines heiligen Kreises oder bevor eine Zeremonie beginnt eine neue, höhere Schwingung aufgebaut werden kann. Rasseln werden auch benutzt, um die Geister, Krafttiere oder Seelenstücke herbeizurufen, je nach Absicht und Zweck einer Zeremonie.

## Zeremonie: Die Seele durch Rasseln zurückholen

Das Zurückholen der Seele mit Hilfe einer Rassel ist eine der einfachsten und kraftvollsten Zeremonien, die du allein veranstalten kannst. Wenn ein Trauma geschieht, wird durch die Verletzung ein Stück der Seelenessenz ausgestoßen. Direkt vor einem Autounfall will beispielsweise das Bewusstsein des Fahrers nicht anwesend sein, wenn der Körper der Person mit dem Steuer kollidiert, daher wird im Moment des Aufpralls ein Stück der Seele abgestoßen. Die Aufgabe des Schamanen ist es, in die außerordentliche Realität hinauszugehen und das verlorene Stück zurückzuholen. Die eingeborenen Völker früher verstanden dies, und wann immer Menschen ein Trauma erfuhren, wurden sie sofort auf diesen Seelenverlust hin behandelt.[12] Wenn Kämpfer aus dem Krieg zurückkamen, vermieden sie so lange den Kontakt mit den Dörflern, bis Zeremonien abgehalten worden waren, die sie vom Blutvergießen reinigten und ihnen durch das Kriegstrauma verlorengegangene Seelenstücke zurückholten. Seelenverlust kann man auch aus vielen anderen Gründen erfahren, wie zum Beispiel bei schlechten Beziehungen, dem Ende einer Beziehung oder dem Tod eines geliebten Menschen, durch Scheidung, Kindesmissbrauch oder Drogen- und Alkoholmissbrauch. Dabei kann das Ereignis, das den Verlust der Seelenstücke verursacht hat, Jahre zurückliegen.

Zu den Symptomen eines Seelenverlustes gehören der Verlust von Lebenskraft, das Gefühl, vom Leben abgeschlossen zu sein, Depressionen oder Selbstmordgedanken, Anfälligkeit für Abhängigkeit, posttraumatisches Stress-Syndrom, unmäßige Trauer oder ein tiefes Gefühl davon, dass etwas fehlt. Am besten lassen sich Seelenstücke durch einen ausgebildeten Therapeuten zurückbringen, doch kehren solche Stücke häufig auch von allein zurück und schweben um eine Person herum. In meiner Praxis der Seelenrückholung habe ich häufig erlebt, dass immer dann, wenn Menschen damit beginnen, sich nach jemandem umzuschauen, um fehlende Seelenstücke zurückzuholen, dies häufig bedeutet, dass einige von ihnen bereits zurückgekehrt sind. Da verlorene Stücke der Seele häufig miteinander verbunden sind, kann man mit nur wenig Aufwand und Wissen alle noch abgespalteten Stücke zurückholen – gewöhnlich durch Rasseln.

Wenn du eine Seelenrückführung durch Rasseln ausführen willst, schaffe zunächst einen heiligen Kreis, vorzugsweise an einem abgeschiedenen Ort in der Natur. Bitte deine Geistführer, Engel und Krafttiere, dir zu helfen und danke ihnen durch Affirmationen dafür. Als Nächstes leere deinen Kopf von Gedanken, finde deinen Ruhepunkt, öffne dich und vertraue darauf, dass du geschützt bist. Dann beginne mit dem Rasseln und halte die Absicht fest, die fehlenden Seelenstücke hereinzurufen. Alte Erinnerungen mögen hochsteigen; vielleicht solche, die in Verbindung zu Ereignissen der Kindheit oder anderen Begebenheiten stehen, die zu schmerzhaft sind, um sich bewusst daran zu erinnern. Schiebe sie nicht weg oder analysiere sie; erlaube den Erinnerungen einfach, in dein Bewusstsein zu kommen, erkenne sie an und lasse sie ziehen. Die verlorengegangenen Stücke der Seele, die nun wieder hereinkommen, setzen sich und schieben die alten, schmerzhaften Erinnerungen hinaus, so dass Heilung erfolgen kann. Nachdem die Erinnerungen abgeklungen sind, beende das Rasseln. Dann atme tief und weine, lache oder drücke jede andere Emotion aus, die du fühlst, und lasse damit jede Bindung an das alte Trauma los.

Sobald das Rasseln vorüber ist, erlaube deinen Seelenstücken einfach, sich neu zu integrieren. Ruhe dich aus und verwöhne dich, vielleicht durch ein langes, heißes Bad mit Seesalz oder Epsom-Salz. Da die energetische Aktivität der Seelenrückführung physiologische Veränderungen hervorrufen kann, sei nicht erstaunt, wenn du einen Schmutzrand in der Badewanne hinterlässt – ein Beweis dafür, dass dein Körper alte Giftstoffe ausgeschieden hat. Für die nächsten zwei oder drei Tage gib dir viel Raum zum Träumen. Während dieser Zeit werden alte, vielleicht vergessene Begabungen und Interessen hervorkommen. Du magst beispielsweise den Drang zum Schreiben oder Malen verspüren oder dich in etwas anderes versenken, das du Jahre zuvor aufgegeben hast.

Um sicherzustellen, dass dich diese Seelenstücke nicht wieder verlassen, dürfen sich die Bedingungen, die ihr Verlassen ursprünglich hervorgerufen haben, nicht wiederholen. Dies mag einen Wandel in der Geisteshaltung oder dem Lebensstil erforderlich machen, wie etwa das Beenden von Drogen- oder Alkoholmissbrauch oder das Beenden einer von Missbrauch geprägten Beziehung.

*Aus dem Energie-Notizbuch:*
*Die Pfeife, die Trommel und der Stab*

Auf einer Geistsuche zum Black Mesa in der Wüstenregion nahe der Grenze zwischen Oklahoma und Neu-Mexiko hatte ich eine Offenbarung über die Natur der in Zeremonien verwendeten Objekte sowie über Besitz im Allgemeinen. Der Geist hatte mir vor Beginn der Reise gesagt, dass ich alle meine heiligen Gegenstände mitbringen sollte, und somit hatte ich drei volle Medizintaschen. Als ich am Fuße des Berges ankam, packte ich sie in eine Medizintasche um, damit ich sie mit mir auf den Berg tragen konnte. Der Tag war mit etwa 42 Grad Celsius sehr heiß; die Tasche wog etwa vierzig Pfund und der Anstieg war lang. Doch als ich zur Spitze gelangte, meine Tasche unterhalb eines abgeschiedenen Baumes auspackte und meine heiligen Objekte auslegte, wusste ich plötzlich, warum der Geist mir geraten hatte, alle mitzunehmen.

Während ich sie so, wie sie vor mir lagen, anschaute, sah ich mit großer Klarheit meinen ursprünglichen Grund für die Wahl jedes Gegenstandes, was er für mich bedeutete, wie ich ihn erlangt hatte und wofür ich ihn verwendete. Alle zusammen stellten sie eine Bestandsaufnahme meines Lebens und allem, was mir lieb war, dar. Sie spiegelten meine Hoffnungen, Träume, Überzeugungen, Ängste und Handlungen. Alles war ein Symbol dessen, was ich in meinem Geist, meinem Herzen und meiner Psyche trug.

Weiterhin erkannte ich, dass die Tatsache, dass sie mir eine schwere Last auf dem Weg den Berg hinauf waren, ein Teil der Lektion war. Im Wesentlichen hat mir der Geist geraten anzusehen, was ich mit mir herumträge und wie oder wie auch nicht ich diese Dinge verwendete, und zu überlegen, was ich wirklich benötigte und was ich nicht loslassen konnte. In diesem Moment wusste ich, dass ich, wenn notwendig, ohne alle diese Dinge leben konnte und sie nur einen kleinen Teil der mir zur Verfügung stehenden Ressourcen bildeten. Dort, auf dem Berg, sagte der Schöpfer mir dann: „Alles, was du brauchst, sind deine Pfeife, deine Trommel und dein Stab." Ein Adler, der träge Kreise in der Luft beschrieb, rief über meinem Kopf, und ich hörte die Stimme des Schöpfers hinzufügen: „Und du brauchst auch diese Dinge nicht wirklich. Die Pfeife, die du bei dir trägst, steht für deine Verbindung mit dem Schöpfer, die immer vorhanden ist; deine Trommel steht für das Schlagen deines Herzens in Übereinstimmung mit Mutter Erde, die immer für dich da ist; dein Stab steht für deine Überzeugungen und dein Glauben darin, dass alle Mächte des Himmels und der Erde für dich da sind, wenn du nur fragst. Dieses sind die Dinge, die wichtig sind und andauern."

Ich lachte und dachte, ich hätte mir viel Erschöpfung sparen können, wenn ich diese materiellen Dinge hinter mir gelassen hätte. Und doch war es die Anstrengung wert, eine solch wertvolle Lektion zu erhalten – dass wir nicht alle Dinge unserer Vergangenheit in die Zukunft tragen müssen. Tatsächlich brauchen wir nur sehr wenige Dinge, die wir alle in uns tragen und die nur darauf warten, in der Welt um uns herum entdeckt zu werden. Wir müssen uns nur dazu öffnen, sie wahrzunehmen.

## Tanzen

Es gibt viele verschiedene Tanzformen: Solche zum Spaß und zur Kameradschaft bei indianischen Festen zwischen den Stämmen, wie etwa den *Friendship Dance* (Freundschaftstanz); solche, die bei Stammeszeremonien getanzt werden, um mit der Natur und dem Geist Kontakt aufzunehmen, wie etwa den *Buffalo Dance* (Büffeltanz) und den *Deer Dance* (Hirschtanz); und solche, die speziell für die eigene Heilung und die Heilung anderer ausgeführt werden, wie der schamanische *Bear Dance* (Bärentanz), der von den Yokuts in Kalifornien getanzt wird. Dieser Tanz wurde dem Volk durch eine Vision von Clarence Atwell Sr. gebracht, der sich Sorgen um den Verlust der alten Traditionen und der Gesundheit seines Volkes machte. Auf dem Berg des Reservates zeigten ihm die Mächte diesen Tanz und sagten ihm, dass er ihn dem Volk lehren sollte. Seit ein paar Jahren nehme ich am *Bear Dance* teil; er ist ein sieben Jahre währendes Bekenntnis dazu, der Erde und allen Wesen Heilung zu bringen.[13]

Im *Bear Dance* nehmen Tänzer Krankheiten von anderen an und verwandeln sie, um Heilung zu erzielen. Die Tänzer müssen völlig zur Bären-Energie werden, damit die gesamte Krankheit vom Geistwesen des Bären angenommen wird – ein gefährlicher Prozess. Die „Flügelmänner", die dem Bären dienen, indem sie mit Vogelflügeln jede sich den Tänzern anhängende negative Energie hinwegschlagen, baden die Tänzer beständig in heiligem Salbei-Rauch, um ihnen zu helfen, die Verbindung zur Bären-Energie frei von Unheil zu halten. Während sie tanzen, „sind" die Tänzer der Bär. Der Geist des Bären nimmt alles Leiden der Menschen auf und verwandelt diese Negativität in Heilung.

Ein weiterer mächtiger schamanischer Tanz ist der *Ghost Dance* (Geistertanz), der Teilnehmern die Fähigkeit vermittelt, in der Traumzeit Verbindung mit den Vorfahren aufzunehmen. Dies ist eine gewaltige spirituelle Macht, die gewöhnlich Schamanen und heiligen Menschen vorbehalten ist. Als solches, und aufgrund der Geschwindigkeit, mit der sich der Tanz im 19. Jahrhundert im indianischen Amerika ausbreitete, versetzte er die Bundesbehörden in Schrecken. So verursachte er am 29. Dezember 1890 das Massaker der amerikanischen Regierung am Wounded Knee sowie die Verbannung aller spirituellen Bräuche in Reservaten unter Androhung schwerer Strafen bei Nichtbeachtung. Dieser Bann war gültig bis zur Verabschiedung des American Indian Religious Freedom Act in 1978. Die Unterwerfung solcher spiritueller Traditionen indianischer Völker zwang die meisten dieser Bräuche in die Illegalität, so dass viele Traditionen verlorengingen. Die Regierung fühlte sich durch den *Ghost Dance* bedroht, weil sie den Tanz als einen Weg für die Vereinigung indianischer Völker ansah; und der Traum vieler Tänzer war in der Tat die Vernichtung der Europäer und die Rückkehr zu den Traditionen, die ihrer Ankunft vorangingen. Aber die Vision von Wovoka, einem halb-weißen Nord-Paiuten, dem der Ursprung des Tanzes zugeschrieben wird (obwohl er tatsächlich unter den Cherokee entstanden ist), beschrieb eine Vereinigung der Völker auf spiritueller, nicht auf militärischer Basis – eine Vision der friedlichen Vereinigung indianischer Völker, die im Wesentlichen am Wounded Knee starb.[14] Ich persönlich erfuhr eine ähnliche Vision, in der ich Menschen den *Ghost Dance* auf einer weiten Ebene tanzen sah, in weißer Landschaft und unter weißem Himmel. Mir wurde gezeigt, dass diejenigen, die ihn tanzten, ihren Weg zur nächsten Welt sehen würden. Ein paar Tage nach der Vision versuchte ich, den Tanz zu tanzen, um zu sehen, ob ich mich daran erinnern konnte, wie ich ihn gelernt hatte. Als ich tanzte, verwandelte sich das Wetter plötzlich von klar zu bedeckt, und alles wurde weiß, genau wie in dem Traum. Das überzeugte mich davon, dass die Kraft des Tanzes noch existiert.

Obwohl die Völker ihn über die Jahre im Stillen getanzt haben, haben Freunde gewarnt, dass der Versuch, ihn offen zurückzubringen, gefährlich sein könne. Sie erinnerten mich daran, dass der verstorbene Cherokee-Medizinmann Rolling Thunder sich weigerte, den Tanz zu lehren, nachdem er ihn einigen Nicht-Indianern gezeigt hatte, die dann auf unerklärliche Weise starben. Aufgrund seiner Assoziationen ist es vielleicht am besten, wenn dieser Tanz nur unter besonderen Umständen gelehrt wird. Wie auch immer, ich denke, dass die Zeit für die Rückkehr des *Ghost Dance* reif ist, wie die Vision zeigt; und er wird helfen, den Weg in eine bessere Welt für alle Völker zu weisen.

Es gibt jedoch noch andere schamanische Tänze, die ähnlich sind. Und viele haben mächtige positive Auswirkungen.

## Zeremonie: Im Tanz zu deinem Krafttier werden

Einer der wirksamsten und aufschlussreichsten schamanischen Tänze ist der, dein Krafttier zu tanzen; dies kann überall geschehen – in der Natur oder sogar daheim. Schaffe dafür einen heiligen Kreis und gehe diesen Kreis ab, während du rasselst oder dem Trommeln einer anwesenden Person oder einer CD oder Kassette zuhörst.[15] Verbinde dich mit deinem Krafttier und erlaube ihm, dich in einen Tanz zu führen, so dass du selbst zu deinem Krafttier wirst und damit eins mit dieser Kraft des Universums. Wenn dein Krafttier beispielsweise ein Vogel ist, lasse deine Arme zu seinen Flügeln werden und fühle, wie du in die Luft aufsteigst; dann erlaube dem Vogel, Einsichten und Weisheit zu enthüllen. Wenn du diese Zeremonie regelmäßig ausführst, wird sie allmählich einfacher und deine Vision größer werden – und dabei Heilenergie ausstrahlen. Führe ein Tagebuch mit deinen Einsichten, damit du auch später noch von ihnen lernen kannst.

## Zeremonie: Dance of the Willow – Tanz der Weide

Der *Dance of the Willow* kann von jedem Menschen überall und zu jeder Zeit getanzt werden, um die höchsten Energien in dir mit den höchsten Energien außerhalb von dir zu verbinden. Es ist eine Disziplin wie Tai Chi, um die *ki-* oder *chi*-Energie durch den Körper zu bewegen, und kann auch als eine Form von Tai Chi betrachtet werden.

Zu Anfang fühle die Erdenergie durch deine Füße in deinen Körper treten; fühle die Energie des Himmels durch dein Kronen-Chakra hinunter in deinen Körper fließen. Fühle, wie sich diese Energien in deinem Herzen treffen und durch deine Schultern und Arme in deine Fingerspitzen fließen. Strecke deine Arme wie eine Weide aus – zur Seite, nach oben, dann nach unten, und lasse deinen Körper einschließlich deiner Gliedmaßen von den Energien bewegen, so wie von einer Brise. Bewege beide Hände auf und ab, und während du dir vorstellst, wie sich die Wellen eines Flusses vor dir kreuzen, segne die Erde und alle ihre Wesen. Greife nach oben, strecke jeden Arm so weit wie möglich. Dann führe deine Arme über die Seite nach vorn, mit den Händen etwa dreißig Zentimeter auseinander, und fühle die Energie wie einen Ball zwischen ihnen fließen. Visualisiere den Energieball, schiebe ihn mit Segenswünschen für alle Wesen hinaus in den Weltraum, stelle dir vor, wie er von Mutter Erde aufgesaugt wird und damit dorthin geht, wo er benötigt wird. Schließlich führe deine Hände wieder zu deinen Seiten und sage Dank.

### Zeremonie: Eye of the Raven Dance – Der Tanz des Rabenauges

Da wir alle von Mutter Erde stammen, gehört jede Lebensessenz der Erde uns allen. Wenn sie verlorengeht, kann sie von Gruppen von Menschen, die gemeinsam mit den Mächten diese Absicht halten, gefunden und zurückgeholt werden. Das Beten durch den Tanz in der Gruppe ist ein Weg, um verlorene Lebensessenz zurückzuholen und zur Erde zurückzugeben, so dass alle in der Welt durch erhöhte Harmonie und Heilung davon profitieren können. Ein solcher Tanz – die Zeremonie des *Eye of the Raven* – ist für eine Gruppe von Männern und Frauen gedacht; zusätzlich wird ein Leiter benötigt, der die Trommel schlägt. Obwohl er sehr alt ist, wurde mir dieser Tanz in einer Vision gegeben; er ist nach dem Raben benannt, der Zauber und Schutz gibt, und er reflektiert das Rabenauge, das die Essenz der Sicht des Schöpfers ist: Zwei konzentrische Ringe, die in entgegengesetzte Richtungen gehen und tatsächlich eins sind; nur in dieser Welt sehen wir sie als zwei.

Für diese Zeremonie forme zunächst einen Kreis, wobei jede Person in ihrem Herzen den Platz im Kreis erspürt, der sich am natürlichsten anfühlt. Mit dem Gesicht nach innen gerichtet, danke Mutter Erde in der Stille für alles, was sie bereitstellt – Nahrung, Schutz, Leben. Erkenne an, dass menschliche Körper ebenso wie die aller anderen Wesen, deren Unterhalt von ihr abhängt, aus ihren Elementen gemacht sind. Fühle eine Verbindung mit dem Herzen von Mutter Erde.

Wenn der Leiter zu trommeln beginnt, drehe dich nach außen und setze dich: Lade dabei alle Wesen des Feuers, des Wassers, der Erde und der Luft ein, dem Kreis beizutreten. Dann weite die Einladung aus zu den Geistern, die nicht inkarniert sind, jedoch helfen, solche zu führen und zu lehren, die Begleiter und Beschützer sind; zu Vorfahren und Nachfahren, solche, die auf der Erde gelebt haben oder eines Tages leben werden. Allen, wie auch uns, liegt das Wohlergehen von Mutter Erde am Herzen.

Nachdem diese Geister sich hinzugesellt haben und ihre Gegenwart gefühlt worden ist, drehe dich, noch immer sitzend, wieder zur Kreismitte und lausche mit offenem Herzen jeder Geiststimme, die spricht. Wenn alle Geister gesprochen haben, danke ihnen für ihre Teilnahme und, noch immer in der Stille, verbinde dich mit ihnen im Gebet. Bitte den Schöpfer, ihr Gebet zu hören, dass die zur Erde gehörende Essenz zum Wohle aller Wesen in der Welt zurückgegeben wird.

Während du betest, pflanze für alle vergangenen, gegenwärtigen und zukünftigen Wesen, die Akteure dieser Erde, einen Gebetsstab in den Boden. Nachdem alle Stäbe gepflanzt worden sind, bilde zwei Kreise, die Frauen außen, die Männer innen. Dann tanze, begleitet vom Trommeln und Singen – die Frauen im Uhrzeigersinn, die Männer gegen den Uhrzeigersinn –, und bitte dabei, dass alle einander helfen, alle zur Erde gehörende Lebensessenz für Heilung und Einheit herbeizurufen.

Beim Trommelwirbel des Leiters bilde schließlich einen Kreis, in dem sich alle an den Händen halten, und danke dem Schöpfer und Mutter Erde für diesen Augenblick, in dem du gemeinsam mit allen Verwandten zwischen Himmel und Erde als ein Wesen stehst. Dann umarmt einander und teilt eure Herzen miteinander.

## Im Gebet gehen

Ein wirksames Mittel, sich mit dem Geist und den Mächten der Natur zu verbinden, ist das Gehen im Gebet; insbesondere dann, wenn man über heilige Landformationen, wie etwa einen heiligen Berg oder ein heiliges Tal, reist. Während ich im Gebet ging, bin ich auf schlafende Rehe und fressende Kaninchen gestoßen, die keine Angst zeigten und einfach weitermachten, ohne sich merklich zu bewegen. Wenn du dies barfuss im Dunkeln tust, kann dich das Gehen im Gebet in einen intensiveren, traumhaften Zustand versetzen, in dem die Vereinigung mit der Landschaft eine beständige Realität zu sein scheint. Manchmal gehe ich nachts zu einem heiligen Berg, um Eingebungen zu erhalten und zu beten. Dann laufe ich den Pfad barfuss hinauf, wobei ich die Erdenergie durch meine Füße fühle und nicht mit dem Tageslicht, sondern meinem inneren Licht „sehe". In diesem traumhaften Zustand sind meine Sinne so geschärft, dass Sicht unnötig ist. Weil ich die Grenzen *zwischen* den Objekten nicht sehen kann, kann ich leichter mit allen lebenden Dingen verschmelzen und mich eins fühlen.

In diesem Stadium erfahre ich auch die Zeitlosigkeit leichter, Minuten scheinen wie Stunden oder jeder Augenblick eine Ewigkeit. Bei Sonnenaufgang halte ich an und schaue zu, wie die Sonne über dem untenliegenden Tal aufsteigt; welche Probleme ich auch immer gehabt habe – dann sind sie fort oder hinweggebrannt von dem Aufgang einer neuen Sonne.

### Zeremonie: Power Walk – Mit den Mächten wandeln

Eine einfache Form, im Gebet zu gehen, nennt sich *Power Walk – Mit den Mächten wandeln*. Dabei hältst du deinen Gebetsstab in einer Hand und eine Rassel in der anderen. Du rasselst beim Gehen im Einklang mit deiner Absicht – schnell, um Energie aufzubrechen, langsam, um Geister herbeizurufen. Der Gebetsstab konzentriert deine Aufmerksamkeit auf die Gegenwart und bedeutet den Geistern des Landes, dass du im Geist wandelst. Erlaube deiner Intuition, deinen Geistführern und Engeln, dir den Weg zu zeigen, damit du jede Gelegenheit hast, durch diese Reise eine Form des göttlichen Geistes oder eine Lektion anzutreffen.

*Zeremonie: Listening Walk – Lauschend wandeln*

Eine weitere Art, im Gebet zu gehen, ist der *Listening Walk* – Lauschend wandeln. Dabei gleitest du leise wie ein Geist durch die Landschaft. Gehe langsam, halte häufig an, um dich mit allem um dich herum zu verbinden, wortlos wie ein Vogel, der mit dem Wind gleitet, mal langsamer, mal schneller, und mit dem Luftstrom verschmilzt. Auf diese Weise küssen deine Füße Mutter Erde, und du wirst eins mit ihr, die Bewegungen werden die eines sanften Windes, dein Bewusstsein eins mit allen Wesen, allen deinen Verwandten. Es ist ein lebendes Gebet mit dem Himmel und der Erde.

## Singen

Das Singen ist eine der heiligsten Praktiken, die du ausüben kannst, entweder allein in der Natur oder in einer Gruppe. Die Stimme hat große Kraft, wenn sie Liebe vom Herzen her ausdrückt. Die Fähigkeit des Tons, meditative Zustände hervorzurufen, war den alten hinduistischen und buddhistischen Kulturen bereits vor Tausenden von Jahren bekannt: Sie verwendeten rhythmisches Chanten, Klangschalen, Fingerglockenspiele und andere

Methoden, um das gewöhnliche Bewusstsein zu durchdringen. Viele Menschen glauben, dass heilige Lieder von anderen durch Wiederholung gelernt werden müssen; doch auch wenn dies eine gute Übung ist, so sind solche Lieder nicht heiliger, als wenn du deine eigene, dir vom Schöpfer gegebene Stimme mit positiver Intention benutzt.

Früher sind die Menschen in die Natur hinausgegangen und haben dem Schöpfer erlaubt, ihnen Herzenslieder zu geben – heilige Lieder, die für sie eine Bedeutung hatten und häufig in Familienzeremonien verwendet wurden. Einige von ihnen sind bis heute überliefert worden.[16] Manche dieser Lieder waren so heilig, dass, wenn jemand hörte, wie ein anderer sie sang, der erste eine Erklärung verlangte, wie und zu welchem Zweck der andere diese Lieder erhalten hatte, um festzustellen, wer ihm dieses Lied gegeben hatte oder ob es gestohlen worden war. Tatsächlich zogen ganze Stämme in den Krieg wegen Liedern, die gestohlen oder nicht auf die richtige Art und Weise gegeben und empfangen worden waren. Wenn man ein heiliges Lied singt, ist es daher ratsam anzukündigen, wer es dich gelehrt und zu welchem Zweck du es gelernt hast, ob es von einem Menschen, einer CD oder einer Kassette gelernt wurde. Dieser Brauch ehrt den Ursprung und erhält die Tradition und die Kraft des Liedes.

Einer meiner Lehrer beispielsweise – Doc Chanter Davidson, ein Apache, der den Traditionen der Yokuts folgt – gab Annette ein Lied (in Englisch: *Women's Eagle Song* – Das Lied des Frauenadlers); es gehörte einer Yokuts-Frau, die ihre acht Kinder und fünf Ehemänner überlebte und ihre Langlebigkeit diesem Lied zuschrieb. Dadurch, dass wir den Ursprung und den Zweck dieses Liedes kennen, hat es eine besondere Bedeutung für uns, und wenn meine Frau es in der Hütte oder leise daheim singt, lache ich und frage mich, ob sie plant, mich zu überleben. Doch freut es mich sehr, sie dieses Lied singen zu hören, da seine Absicht positiv und hoffnungsvoll für die Zukunft ist. Ein anderes Lied, das wir *Yaki-Yaki* nennen, wurde uns beiden von meinen schamanischen Choctaw-Freund Boe Many Knives Glasschild geschenkt, dessen Großvater Blackfeet war (Mutter und Großmutter Choctaw, die andere Großmutter Cherokee).[17] Es ist eine Schöpfung von Blackfeet, oder ein Hochzeitslied, das wir als „unser Lied" angenommen haben. Wohin auch immer wir gehen, singen wir es gemeinsam von Herzen und erfreuen damit andere. Wir singen es häufig, wenn ich zum Zelebrieren von Hochzeiten gerufen werde.

Ein Heil-Lied, das wir nur unter besonderen Umständen in Bear Lodge singen, besteht einfach aus den Worten *Ona, Yona, Elohino* – Cherokee Worte für Schöpfer, Bär und Mutter Erde. Ein weiteres Heil-Lied besteht nur aus dem einen wiederholten Wort: *U-halotega*, Schöpfer, Quelle aller Macht. Obwohl die Worte Bedeutung haben, kommt es darauf an, wie sie gesungen werden; es ist die vom Herzen gefühlte Absicht, die ihnen letztendlich Kraft gibt und Heilung bewirkt.

## *Zeremonie: Heilige Lieder schaffen*

Wenn du deine eigenen heiligen Lieder entdecken willst, gehe hinaus in die Natur und ziehe einen heiligen Kreis. Dann lausche allem um dich herum und in dir, allen Tönen des Lebens und deinem eigenen Herzen. Lausche sorgfältig den Vögeln und Tieren, den Geräuschen des Windes durch die Bäume und schaue, was in deinem Bewusstsein „aufsteigt". Welche Worte treten hervor? Rational betrachtet, müssen sie keinen Sinn ergeben, nur den Gefühlen und erhaltenen Einsichten entsprechen. Spiele mit den Tönen und Tonfällen, indem du sie variierst. Das Lied wird bald ein eigenes Leben erlangen und eins mit der Kraft des Schöpfers scheinen. Auf diese Weise heilige Lieder zu schaffen, gibt Kraft; sie anderen weiterzureichen, ist ein großes Geschenk.

## Trommeln

Indianische Amerikaner und die meisten anderen eingeborenen Völker der Welt wissen seit Tausenden von Jahren, dass das Trommeln ein mächtiges spirituelles Hilfsmittel sein kann. Erst in den vergangenen Jahren ist jedoch die wissenschaftliche Grundlage hierfür ans Licht getreten – der Schlag der Trommel beförderte eingeborene Völker gewöhnlich in schamanische Bewusstseinszustände, etwa 180 Hertz nähert sich der Basisresonanzfrequenz der Erde selbst an. Daher wird das Trommeln zu einem mächtigen Hilfsmittel der Meditation. Außerdem ist es ein Weg, Kontakt mit unserer psychischen Fähigkeit des Reisens über weite Entfernungen zu machen, die wir einsetzen können, um Heilungen zu bewirken und die Zukunft kennenzulernen und sie zu beeinflussen.

Durch schamanische Reisen mit der Trommel können wir entlang unserer Energielinien durch Dimensionen reisen – in der gewöhnlichen drei-dimensionalen Realität, der nicht-gewöhnlichen „Mittelwelt" oder überall auf Erden oder in anderen Universen – und dabei das „visualisierte Gebet" erleben.[18] Eine weitere positive Auswirkung des Trommelns ist die Stress-Reduzierung durch das Ausbalancieren der Chakras. Zudem bietet es eine kreative Alternative zum „Absacken" vor dem Fernseher nach der Arbeit. Der Wert des schamanischen Reisens ist unschätzbar, wenn man Zugang zur Welt der Heilung finden möchte. Es kann von jedem mit Anleitung oder durch das Verwenden der vielen Bücher und Kassetten, die es zu dem Thema gibt, erlernt werden.

## Zeremonie: Chakras mit der Trommel ausgleichen

Lege dich nieder und rolle langsam eine kleine Handtrommel, etwa dreiunddreißig Zentimeter oder weniger im Durchmesser, vom Unterleib zur Stirn. Dabei schlage die Trommel und bemerke, wie sich ihr Ton verändert, während sie über deinen Körper rollt. Dies ist ein Zeichen dafür, dass die Chakras oder Energiezentren in deinem Körper aus dem Gleichgewicht geraten sind; das ist besonders wahrscheinlich nach einem anstrengenden Tag. Um deine Chakras auszugleichen, fahre fort, die Trommel langsam den Körper hinauf- und herunterzurollen, während du sie sanft und beständig schlägst, bis die Tonlage der Trommel in der Bewegung konstant bleibt und du dich weniger gestresst und entspannter fühlst.

## Ein Trommelzirkel

Eine großartige Möglichkeit, Zeremonien daheim oder in der Natur in Gruppen abzuhalten, ist die Bildung eines Trommelzirkels zum regelmäßigen gemeinsamen Trommeln. Trommelzirkel sind gewöhnlich klein und bestehen aus einzelnen Menschen, die gern gemeinsam miteinander schamanisch reisen. Wir begannen unseren Trommelzirkel im Jahr 2000 und nannten ihn den *New Millennium Drum Circle*, in der Hoffnung, ihn im neuen Jahrhundert zum Heilen und Ausbalancieren unserer selbst, anderer und der Erde durch das Trommeln zu nutzen. Seine Entstehung fiel mit der Geburt der Website „Healing the Earth/Ourselves" (http://www.blueskywaters.com/) sowie des monatlichen E-Mail Newsletters zusammen, der nun innerhalb der Vereinigten Staaten und zu verschiedenen weiteren Ländern verschickt wird. Der Trommelzirkel entstand aus unserer Tradition, Workshops für die *Foundation for Shamanic Studies* zu fördern. Während der vergangenen sechs Jahre haben wir uns regelmäßig mit sechs bis siebenundvierzig Teilnehmern getroffen. Da in der oberen Etage unseres kleinen Hauses nur dreißig Leute bequem sitzen können, begrenzen wir die Gruppe inzwischen auf diese Zahl. Alle zusätzlichen Teilnehmer trommeln im Erdgeschoss mit Hilfe eines kleinen elektronischen Monitors, so dass alle Leute miteinander synchronisiert sind.

Obwohl die Teilnahme an den meisten Trommelzirkeln ein schamanisches Training voraussetzt,[19] tut unserer dies nicht. Allerdings findet er in zwei Sitzungen statt: Die erste, um 17:30

Uhr, ist für solche mit schamanischem Training gedacht, während die zweite, um 19:00 Uhr, für solche ohne Training ist. Die erste Sitzung konzentriert sich darauf, miteinander zu reisen und alle auftauchenden Probleme zu diskutieren. In der zweiten Sitzung hingegen steht die Verwendung des Indianischen Medizinrads für Gebet und Heilung im Vordergrund, wobei alle vier Richtungen mit vier Runden Trommeln geehrt werden. Es ist eine Gebets-Zeremonie, die für jeden offen ist. Ein Schlüsselelement der Runde, die den Süden ehrt, ist das Weitergeben eines Gebetsstabes, so dass jeder im Gebet vom Herzen sprechen kann. Auf diese Weise werden alle Worte mit Respekt gehört. Im Medizinrad haben wir auch einen Gebetskorb für von Menschen eingereichte Gebete, die in die Zeremonie aufgenommen werden sollen.

In der Gebetszeremonie des Medizinrad-Trommelzirkels haben Menschen Visionen gehabt, die zu großen Lebensveränderungen führten, wie etwa der Beginn von Therapien für Drogen- oder Alkohol-Missbrauch, das Verlassen schlechter Beziehungen oder die mutige Bereitschaft, neue Beziehungen einzugehen. Die Kraft der Zeremonie stammt aus der Tatsache, dass sie die Schwingungsebene der gesamten Gruppe hebt; ihre Gebete und Energie gehen nach außen und heilen die Erde und alle Wesen. Wie ein ziemlich überraschter, zunächst skeptischer Lakota-Besucher nach der Teilnahme sagte: „Es ist wie eine Schwitzhütte ohne das Schwitzen!"

Die Leute reisen gewöhnlich viele Meilen, um an dieser Zeremonie teilzunehmen. Sie kommen aus den umliegenden Staaten und gelegentlich sogar aus dem Ausland – aus Arkansas, Louisiana,

Tennessee und Alabama, wie auch aus Brasilien, Kolumbien, Mexiko und Japan. Die Tatsache, dass unser Trommelzirkel in Lena, Mississippi, mit einer Bevölkerung von zweihundertneunundachtzig Personen, offen ist für Menschen derartig vieler Glaubensrichtungen und aus derartig vielen Orten kommend, trägt zur Kraft der Gebete während der Zeremonie bei. Häufig gesellen sich zu der Zeit, zu der wir trommeln, Menschen aus der gesamten Welt hinzu und fügen den Zeremonien ihre Stimmen und Gebete bei. Wir haben die Trommelzirkel auch durch Amerika geführt, wobei wir Zeremonien von Miami bis Los Angeles abgehalten haben. Menschen jeder Rasse, Glaubensrichtung und Nationalität haben daran teilgenommen, einschließlich Christen, Muslims, Juden und Buddhisten. Ein hoher Wicca-Priester wurde zu einem regelmäßigen Teilnehmer und sagte einmal im Anschluss: „Hier finde ich Frieden." Neben dem Öffnen unserer Türen für jeden, ermutigen wir auch Menschen, die der Religion den Rücken zugekehrt haben, sowie junge Menschen, die nach einem Weg suchen, den göttlichen Geist in ihrem Leben zu finden. Die Philosophie des Trommelzirkels stammt aus den Worten Jesu „In meines Vaters Haus gibt es viele Wohnungen." Wir fügen die Überzeugung hinzu: „Alle Türen führen zum gleichen Raum."

Als Resultat der Popularität des Trommelzirkels sind ähnliche Zirkel an anderen Orten entstanden – Ausläufer, die wir ermutigt haben. Menschen aus der ganzen Welt haben uns geschrieben, um herauszufinden, wie man einen Trommelzirkel ins Leben ruft. Nachstehend sind die grundsätzlichen Schritte beschrieben.

## *Zeremonie: Trommelzirkel*

Lade Freunde ein, die eine positive Absicht zur Heilung haben. Es spielt keine Rolle, ob der Trommelzirkel groß oder klein ist, das Geheimnis seiner Kraft ist die Absicht und das Engagement. Die Zeremonie wird nicht nur für die anwesenden Menschen, sondern für die Erde und alle Wesen durchgeführt.

Beginne mit dem Schaffen eines heiligen Kreises mit fünf Steinen, entweder drinnen oder draußen. Verwende das Medizinrad für Gebete und Heilung, und ehre dabei die Richtungen mit vier Trommelrunden (Siehe Kapitel 1: „Die Mächte der Himmelsrichtungen begrüßen"). Wenn der Süden geehrt wird, reiche einen Gebetsstab weiter, so dass jeder ein Gebet von Herzen sprechen kann. Fahre fort, Gebete für alle Völker und die Erde zu sprechen und stelle dabei sicher, dass alle Stimmen gehört werden. Rufe die Mächte um Hilfe an, sprich Bittgesuche und dann danke ihnen.

Es ist gut, wenn alle Teilnehmer Essen zum Teilen mitbringen, so dass anschließend Kameradschaft und Feiern stattfinden kann. Dieses Teilen, die Liebe und die Freundschaft sind ebenso wichtig wie die Zeremonie selbst.

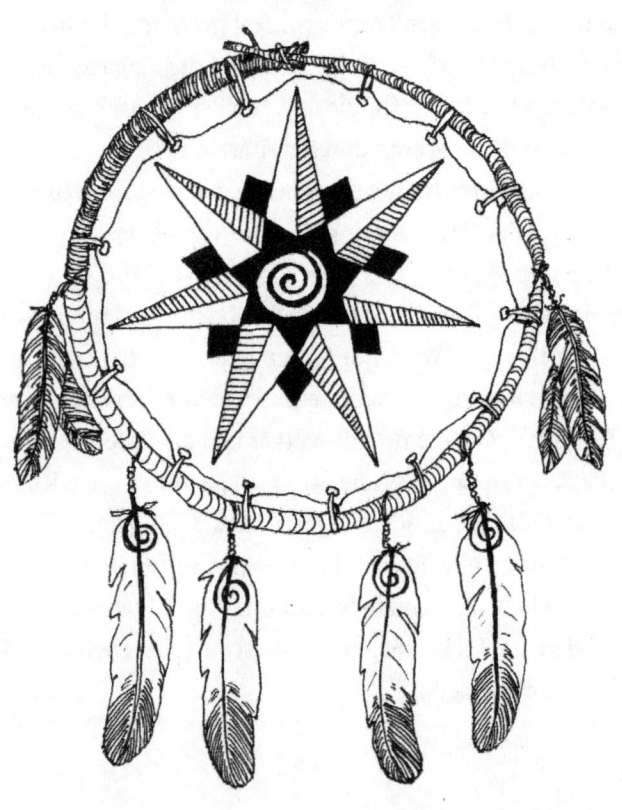

# Anmerkungen

**Vorwort**

1. Siehe Website von Looking Back Woman: http://www.lookingbackwoman. com.

2. Mails, Thomas E.: *Das Leben des Fools Crow* (Fischer Verlag, Frankfurt 1996). Fools Crow sagte auch: „Diejenigen, die am meisten darüber sprechen und klagen, dass Medizin-Geheimnisse weggegeben werden, sind immer die, die am wenigsten wissen."

Immer mehr Menschen verspüren ein steigendes Bedürfnis danach, Traditionen spiritueller Kraft zu entdecken und ihnen zu folgen. Gregg Braden, Geophysiker und Autor von *Das Erwachen der Neuen Erde: Die kollektive Einweihung* (Hans Nietsch Verlag, Freiburg 1999) und *Zwischen Himmel und Erde. Der Weg des Mitgefühls* (Koha Verlag, Burgrain 2001) hat in den vergangenen Jahren die Hypothese aufgestellt, dass die Erde große Wandlungen mit tiefschürfenden Implikationen für ihre Bewohner durchläuft; dies fällt mit alten Prophezeiungen der Ägypter, Hopi, Azteken und Maya wie auch mit solchen in der christlichen Bibel zusammen.

Wie Dhyani Ywahoo, eine Cherokee (Tsalagi)-Lehrerin in ihrem Buch *Am Feuer der Weisheit: Die geheimen Überlieferungen der Tsalagi-Indianer* (Theseus Verlag, Berlin 2001) erklärt: „Durch Gebet und Ritual wird die Stabilität der physischen Form erhalten. Zu dieser Zeit ist von allen richtiges Handeln gefragt, um den Heiligen Lebensring zu erneuern. Während heilige Zeremonien abgehalten und Tänze getanzt werden, schwingen die Mond- und Sonnenströmungen im Einzelnen deutlich mit den Mond- und Sonnenenergien des Planeten. Da die Menschen Geisteshaltungen der Entfremdung und Gedanken der Beherrschung der natürlichen Ordnung der Dinge wie auch der gegenseitigen Beherrschung beibehalten, wird der Fluss zwischen den Einzelnen, der Gruppe und der elektromagnetischen Strömung der Erde blockiert; dadurch wird der Fluss von Wind und Blitz gestört, der Leben spendenden Regen und die Qualität des Keimens zur Erde bringt. So ist jeder dazu aufgerufen, eine Wahl zu treffen: Mit dem Strom oder dagegen. Keine Mehrdeutigkeit."

1969 wurde Dhyani Ywahoos „Sunray Meditation Society" gegründet, um die geeigneten Lehren der Ywahoo-Linie mit denjenigen, die gleichen Mutes sind, zu teilen. Heute gedeihen Studenten und Praktizierende der Sunray-Lehre als Samen des Lichts und der guten Beziehungen in Gemeinschaften durch ganz Turtle Island (Nordamerika) und der Welt. Siehe ihre Website: http://www.sunray.org.

In allen Weisheitstraditionen gibt es eine große Kluft zwischen offenkundigem und verborgenem Geist und Wissen – zwischen der äußeren Form, die wir Religion nennen, und dem Wissen des Geistes hinter der Religion. Wenn jemand beispielsweise eine Kirche betritt, sind die Gegenstände und das Ritual ziemlich genau vorhersehbar, doch die verdeckten Ausdrücke des Geistes enthalten Glaubenslehren, die nur in Jahren des Studiums erlernt werden können. Durch die Geschichte hinweg haben Priester-Kasten die verdeckte Form spirituellen Wissens genutzt, um Macht zu gewinnen oder zu erhalten und um ihre Autorität über ganze Bevölkerungen zu behaupten. Dies ist in westlichen und östlichen Kulturen ebenso wie in der Neuen Welt geschehen, von den ägyptischen Pharaos über die Römische Kirche bis hin zum Reich der Inka.

Hinzu kommt, dass manche spirituellen Führer – viele Medizinmänner/-frauen und Schamanen eingeschlossen – ihr Wissen verdeckt gehalten haben, weil dies zu ihrem geheimnisumwitterten, machtvollen Ruf beiträgt. Wissen ist Macht, und Furcht und Ignoranz sind mächtige Instrumente, um die „gewöhnlichen" Leute an ihrem Platz zu halten.

Der Weg eines wahren Lehrers und des Geistes hingegen ist es, das Verdeckte zu enthüllen, den Weg für die Ausstrahlungen von Liebe und Licht zu öffnen, die Welt zu einem helleren, lebendigeren und liebevolleren Ort zu machen. Der Schöpfer schafft Fülle in allen Dingen, auf allen Wegen, ewig; der Schöpfer beschränkt weder den Ausdruck noch versteckt er Wissen oder provoziert Furcht. Dies hingegen sind die Richtlinien von Menschen mit geschlossenen Herzen, die Macht halten, aber sie nicht kennen wollen.

Wahre Macht haben Wesen, die größer als wir selbst sind. Wir wollen wie hohle Knochen sein, um der Kraft des Schöpfers zu erlauben, ohne Beschränkungen durch uns hindurch zu fließen, ohne dass unser Ego dem im Weg steht. Diejenigen, die die heiligen Lehren verdeckt halten, um sie geheimnisvoll zu gestalten, tun sich selbst und der Menschheit nichts Gutes. Diejenigen, die für das Licht stehen, werden den Weg erleuchten, und keine Anzahl dunkler, über sie ausgegossener Gedanken oder Worte wird ihnen Schaden zufügen, denn ihre Worte werden nachhallen, und die Menschen, die sie hören, werden das Licht des Schöpfers in ihnen spüren, die gute Medizin (in Cherokee: *nvwati*).

# Anmerkungen

3. Siehe: http://www.whitebison.org - White Bison ist eine wundervolle Organisation, die vielen Menschen geholfen hat, nüchtern zu bleiben. Ihre täglichen Meditationen allerdings, die Abonnenten kostenlos per E-Mail zugeschickt werden, sind für alle hilfreich, die den spirituellen Weg in der Tradition der Indianer verfolgen. Gegründet wurde White Bison von Don Coyhis, einem Mitglied des Volkes der Mohikaner aus dem Stockbridge-Munsee Reservat in Wisconsin. Seit 1988 entwickelt und präsentiert er Programme, die auf den Lehren des Medizinrads und einem System von Prinzipien, Werten und Gesetzen, die ihm von indianischen Ältesten übergeben worden sind, basiert.

4. Boyd, Doug. *Mad Bear: Spirit, Healing, and the Sacred in the Life of a Native American Medicine Man* (Touchstone, New York 1994)

5. Catches, Pete S., Sr. / Catches, Peter V. (Hrg.). *Sacred Fireplace (Oceti Wakan): Life and Teachings of a Lakota Medicine Man* (Clear Light Publishers, Santa Fe/N.M. 1999)

6. Siehe: http://www.lookingbackwoman.com.

## Kapitel 1

1. Für weitere Informationen zum Toltekischen Schamanismus siehe folgende Bücher:
Bücher von Carlos Castaneda, wie etwa: *Die Lehren des Don Juan: Ein Yaqui-Weg des Wissens* (Fischer Taschenbuch, Frankfurt 1998).
Bücher von Don Miguel Ruiz, wie etwa: *Die vier Versprechen. Ein Weg zur Freiheit und Würde des Menschen* (Ullstein Buchverlage, Berlin 2006).
Eagle Feather, Ken. *Die Spur des Schamanen. Der einzigartige Bericht des indianischen Sehers* (Falken Verlag, Niedernhausen 1998).
Aufgrund der Popularität dieser Lehren ist die Annäherung an die Realität aus dieser Perspektive zu einer Art von Konsens-Realität unter vielen Menschen geworden und daher leicht zugänglich.

2. Für weitere Informationen zu Kojote siehe folgende Bücher:
Jamie Sams, *Die Traumpfade der Indianerin. Sieben Schritte zu einem bewussten Leben* (Ullstein Buchverlage, Berlin 2006).
Christopher Moore, *Blues für Vollmond und Kojote* (Goldmann Verlag, München 2008).
Sams Buch enthält ausgezeichnete Lehren zum Medizinrad, einschließlich der,

wie Kojote erscheint, um unsere Pläne und Ideen durcheinander zu bringen. Moores Buch beschäftigt sich mit Kojote als Krafttier oder Geistführer und die Art der Tricks, die er spielt. Es bringt den Gedanken auf, dass es nicht notwendigerweise von Vorteil ist, wenn Kojote dein Krafttier ist – sofern du nicht den alten chinesischen Fluch einladen möchtest: „Mag dein Leben interessant sein."

3. Diese Technik, auch Gassho-Meditation genannt, wird von William Lee Rand gelehrt, dem Begründer des International Center for Reiki Training. Sie wird in diesem Buch nicht ausführlicher besprochen, doch ermutige ich jeden, Reiki auszuprobieren – eine kraftvolle Heilmethode mit Hilfe der Hände. Für weitere Informationen wende dich an:
International Center for Reiki Training, 21421 Hilltop Street, Unit # 28, Southfield, MI 48034, USA. Telefon: 001-800-332-8112. Website: http://www.reiki.org.

**Kapitel 2**
1. Siehe John G. Neihardt, *Ich rufe mein Volk. Leben, Visionen und Vermächtnis des letzten großen Sehers der Ogalalla Sioux* (1995).

2. Siehe David Bohm, *Die implizite Ordnung. Grundlagen eines dynamischen Holismus* (Goldmann Verlag, München 1987).

3. Siehe Maureen J. Kelly, *Reiki and the Healing Buddha* (Lotus Press, Twin Lakes, WI, 2000).

4. Siehe die Website des verstorbenen Ian Xel Lungold: http://www.mayanmajix.com. Sie stellt seinen *Mayan Calendar and Conversion Codex* (Majix Inc., Sedona/Arizona, 1999) vor, den ich täglich benutze. Siehe auch *Healing the Earth/Ourselves* (http://www.blueskywaters.com): „The Mayan Calendar: A Roadmap to Consciousness."

5. Siehe Drunvalo Melchizedeks Bücher: *Die Blume des Lebens,* Bd. 1 und 2 (Koha Verlag, Burgrain 2000). Ihr Wissen wird gelehrt in Kursen der Flower of Life Research LLC, P.O. Box 55844, Phoenix, AZ 85078, USA. Telefon: 001-602-996-0900. Website: http://www.floweroflife.org.
Deren Bücher wie auch Kurse sind wärmstens empfohlen. Zwei besonders bedeutungsvolle Konzepte der heiligen Geometrie sind die *Spirale der goldenen*

# Anmerkungen

*Mitte* und die *Fibonacci-Spirale*. Die Fibonacci-Spirale ist die mathematische Formel für alle Formen auf der Erde, beispielsweise in einem Schneckenhaus und in den Mustern von Pflanzenblättern. Die Spirale der goldenen Mitte ist das unendliche Ideal, das in der Mathematik keinen Anfang und kein Ende hat, aber eine fortlaufende Zahl ist (die Folge der Kennzahl Pi: 1.6180339...). Wenn die goldene Spirale der Mitte auf unsere Ebene kommt, wird sie in eine dreidimensionale Form übersetzt – dies ist die Fibonacci-Spirale. Man kann sagen, dass die Spirale der goldenen Mitte von einer Ebene unter uns kommt und sich auf dieser Ebene in den natürlichen physischen Formen aller Dinge ausdrückt, indem sie ihre drei-dimensionale Form, die Fibonacci-Spirale, benutzt und sich dann weiter zur nächsten Ebene hochwindet. Von der Fibonacci-Spirale, dem Kreis, dem Punkt oder dem Tunnel – stammen alle materiellen Formen: die Kugel, das Dodekaeder, das Ikosaeder, das Oktaeder, das Hexaeder und das Tetraeder, die grundsätzlichen Formen, die jederzeit in der Natur um uns herum gefunden werden können.

Wenn wir, wie der Schöpfer, die Dualität als eins statt als die uns geläufigere Polarität sehen, dann gibt es viele Beispiele, die wir aufzeigen können. Die Erde selbst spiegelt die gleichermaßen im und gegen den Uhrzeigersinn ablaufende Bewegung; in der nördlichen Hemisphäre beispielsweise wirbelt das Wasser im Uhrzeigersinn, während es sich in der südlichen Hemisphäre gegen den Uhrzeigersinn dreht. Der Schöpfer sieht die Einheit von beiden; wir nehmen Unterschiede wahr. Eine in der südlichen Hemisphäre im Uhrzeigersinn ausgeführte Zeremonie macht die Zeremonie nicht zunichte, sondern spiegelt nur das, was in der nördlichen Hemisphäre gemacht wird. Die ältesten Cherokee-Tänze verlaufen zum Beispiel gegen den Uhrzeigersinn, weil geglaubt wird, dass die ursprünglichen Völker aus der südlichen Hemisphäre kamen und ihre Zeremonien mit sich trugen – was ihre Kraft nicht schmälert. Und obwohl der Kreis der Schöpfung im Uhrzeigersinn – oder mit der Sonne – zu gehen scheint (so werden auch die heiligsten Zeremonien ausgeführt), so verläuft er tatsächlich gleichzeitig sowohl im wie auch gegen den Uhrzeigersinn. Es hilft bei der Erklärung, das Medizinrad zu verwenden, um Polaritäten als eins zu sehen, wie auch der Schöpfer es tut; dabei stellt man sich den Kreis aus konzentrischen Ringen bestehend vor, die so nahe beieinander liegen, dass sie als eins erscheinen und gleichzeitig in die entgegengesetzte Richtung verlaufen – so dass sich während einer Zeremonie ein Ring nach außen (im Uhrzeigersinn) dreht und Gebete durch das Universum sendet, während sich der andere Ring nach innen dreht und die Gebete mit dem Ursprung, der Quelle, verbindet.

**Kapitel 3**

1. Für weitere Informationen zu Landformationen siehe mein Buch: *Kraft-plätze finden und schützen: In Verbindung mit der Erde neue Lebensenergien erschließen*, illustriert von Annette Waya Ewing, mit einem Vorwort von Brooke Medicine Eagle (Aquamarin Verlag, Grafing 2008).

2. Die Übungen 5 und 6 wurden von der verstorbenen Debra Harrison gelehrt, die mit Dr. Mary A. Lynch im Rahmen der nicht mehr existierenden Firma Consegrity Inc. ein Wellness-Modell erstellt hat. Dieses Modell gibt es jedoch weiterhin als *Consilience* (Übereinstimmung); siehe Website: http://www.energymirrors.com.

3. Ähnliche Meditationen werden gelehrt von:
William Lee Rand und dem International Center for Reiki Training (http://www.reiki.org);
Brian Weiss, M.D., *Heilung durch Reinkarnationstherapie. Ganzwerdung durch die Erfahrung früherer Leben* (Ullstein Buchverlage, Berlin 2007) sowie *Die zahlreichen Leben der Seele. Die Chronik einer Reinkarnationstherapie* (Goldmann Verlag, München 2005);
Dr. Andrew Weil in seinen Büchern, einschließlich *Dr. Andrew Weil's Mind-body Toolkit: Experience Self Healing with Clinically Proven Techniques* (Audio CD).

**Kapitel 4**

1. Die Fähigkeit, durch die Absicht Energie in eine Substanz, insbesondere Wasser, zu verwandeln, ist von dem japanischen Wissenschaftler Masaru Emo-to gut dokumentiert worden. Siehe seine Bücher: *Die Botschaft des Wassers*. Bd. 1 & 2 (Koha Verlag, Burgrain 2002/2003), oder besuche seine Website: http://www.masaru-emoto.net.

2. Dies ist anders als der heilige Weg der Cherokee, der auch als Weißer Pfad oder der Weg zum Göttlichen bekannt ist. Auf ihre eigene Art nachahmenswert ist die dazu ähnliche Vorstellung der Irokesen von den Weißen Wurzeln des Friedens, die die gute Geistesverfassung oder das richtige Denken fördert. Ob-wohl das Befolgen der Roten Straße – und damit die Wahl von Einheit anstelle von Teilung – ein positives pan-indianisches Konzept geworden ist, das quer durch die Stämme oder Nationen akzeptiert ist, scheinen heute wenige Indianer seine Bedeutung zu verstehen; viele wählen die Teilung, während sie vorgeben,

der Roten Straße zu folgen. Doch das Befolgen dieses Weges ist eine Wahl, die jeder Einzelne für sich treffen muss, unabhängig von Rasse oder Kultur. Es wird einem nicht in die Wiege gelegt, dem richtigen Weg zu folgen; man hat keinen Anspruch darauf. Und die Früchte eines Lebens – Toleranz, Respekt, Mitgefühl und Vergebung oder Intoleranz, Kritik, hartes Urteilen, Rechthaberei und das Festhalten an negativen Einstellungen – spiegeln klar die Straße wieder, der jeder Einzelne folgt.

3. Für weitere Informationen zur Erhöhung der Schwingungsfrequenzen von Landformationen siehe mein Buch: *Kraftplätze finden und schützen: In Verbindung mit der Erde neue Lebensenergien erschließen*, illustriert von Annette Waya Ewing, mit einem Vorwort von Brooke Medicine Eagle (Aquamarin Verlag, Grafing 2008).

4. Bennie Blue Thunder LeBeau, spiritueller Ältester der Shoshonen, hat im Westen der USA riesige Medizinrad-Zeremonien für die Heilung der Erde abgehalten. Es war mir eine Ehre, ein Botschafter (ein Zeremonien haltender Ältester) für seine sechshundert Meilen Medizinrad-Zeremonie im Jahre 2004 zu sein. Bennie Blue Thunder LeBeau hat seither seine Arbeit an verschiedenen Orten fortgesetzt. Seine Website ist: http://www.teton-rainbows.com.

5. Eine weitere wertvolle Informationsquelle für das Heilen von Landformationen und Wasser sind die Workshops, die Sandra Ingerman anbietet. Sie basieren auf ihrem Buch: *Heilung für Mutter Erde. Wie wir uns und unsere Umwelt verwandeln können* (Ansata Verlag, München 2003). Für einen Terminplan ihrer Medicine for the Earth Workshops schreibe an: P.O. Box 4757, Santa Fe, NM 87502, USA. Siehe auch ihre Website: http://www.shamanicvisions.com.

6. Siehe „The Protection of Ceremonies" auf der Website *Healing the Earth/ Ourselves* unter http://www.blueskywaters.com.

7. Symbole können viele Formen annehmen, und alle haben Kraft. Die grundsätzlichen Formen der heiligen Geometrie beispielsweise – die Kugel, das Dodekaeder, das Ikosaeder, das Oktaeder, das Hexaeder – haben alle Qualitäten, die höhere Schwingungen hereinbringen. Eine Anzahl indianischer Symbole haben Kraft und sind allgemein gültig. Golden Eagle zum Beispiel, zuvor als Standing Elk bekannt, ein Mitglied der Dakota Ihunktowan Gruppe aus South Dakota, spiritueller Ältester und einer der sieben Sundance Häuptlinge der

Yankton Sioux, ist Mitautor des Buches *Maka Wicahpi Wicohan*, das es mit Symbolen und Erklärungen auf seiner Website gibt: http://star-knowledge.neet/. Hier in Lena verwenden wir häufig ein altes Heilsymbol, das Antahkarana genannt wird, ebenso wie das Alphabet der Sternwesen (Delfine und Wale). Für weitere Informationen siehe die Website: *Healing the Earth/Ourselves* unter http://www.blueskywaters.com.

8. Für derartige Zeremonien, einschließlich solcher, die persönliche Stärkung für Frauen bringen, empfehle ich zwei Bücher von Brooke Medicine Eagle: *Buffalo Woman Comes Singing* (Ballantine Books, New York 1991) und *The Last Ghost Dance: A Guide for Earth Mages* (Wellspring/Ballantine, New York 2000). Brooke ist der Gründer von Eagle Song, einer Reihe von spirituell orientierten Wildnis-Camps, sowie vom FlowerSong Earth Wisdom Institute, das sich für einen nachhaltigen, ökologisch gesunden Weg auf Erden für sieben Generationen von Kindern einsetzt. Siehe ihre Website: http://www.medicine-eagle.com. Siehe auch die Website von Kathleen Spider Lawrence, eine Bewahrerin der Weisheit und Lehrerin der Verbindung mit der Erde, die der Taino-Tradition des Caney Indian Spiritual Circle und der Wisdom Wheel Lehren der Seneca Wolf Clan Teaching Lodge folgt. Sie hat Artikel geschrieben und hält internationale Vorträge über die Mondzeit für Frauen: http://www.healing-arts.org/spider. Für historische Romane über solche Praktiken zu biblischer Zeit siehe: Anita Diamant, *Das Rote Zelt der Frauen* (Droemer Knaur, München 2001).

9. Siehe Kapitel 2, Anmerkung 1, Black Elk et al.

10. Ich unterstütze die Keepers of the Sacred Tradition of Pipemakers (Hüter der heiligen Tradition von Pfeifenherstellern), die den Stein zutage fördert und Pfeifen zum Verkauf herstellt; siehe auch ihre Website: http://www.pipekeepers. org. Die *chanunpa* und der Stein sind heilig, doch dient es der Sache nicht zu sagen, dass eine Gruppe Recht hat und alle anderen im Unrecht sind. Es ist Missbrauch von Macht, wenn versucht wird, spirituelle Glaubenssätze und Praktiken zu manipulieren und zu kontrollieren. Stammesvölker haben seit Jahrhunderten Steine und Pfeifen gehandelt. Travis Erickson und Bud Johnston sind ehrbare Menschen, die Dinge auf gute Art und Weise tun. Erickson stammt vom Volk der Sisseton-Wahpeton und fördert Stein in vierter Generation; er ist seit mehr als dreißig Jahren in Pipestone tätig und arbeitet auf respektvolle Art und Weise.

11. Siehe die Website von Peter V. Catches Jr.: http://www.ocetiwakan.org. Er hat ein Buch geschrieben: *Sacred Fireplace (Oceti Wakan): Life and Teachings of a Lakota Medicine Man* (Clear Light Publishers, Santa Fe/N.M., 1999) sowie einen Lakota-Sprachführer mit CD, die auf seiner Website zur Finanzierung seiner wohltätigen Arbeit verkauft werden. Catches (Zintkala Oyate), ein Nachfahre von siebenunddreißig Generationen von Medizinmenschen, ist Hüter des Spotted Eagle Way of Lakota Medicine, ihrer mündlichen Geschichte, heiligen Riten und Erfahrungslehren. Seit achtundzwanzig aufeinander folgenden Jahren hat er den Spotted Eagle Sun Dance an seinem Haus im Pine Ridge Reservat in Süd Dakota angeleitet.

12. Siehe Bücher von Sandra Ingerman:
*Auf der Suche nach der verlorenen Seele. Der schamanische Weg zur inneren Ganzheit* (Ullstein Buchverlage, Berlin 2005); *Die Heimkehr der Seele. Schamanische Selbstheilung (*Ullstein Buchverlage, Berlin 2005) und *Die schamanische Reise. Ein spiritueller Weg zu sich selbst (*Ariston Verlag, München 2004).
Für weitere Informationen zu schamanischen Reisen: Die Foundation for Shamanic Studies (FSS) bietet einen Grundkurs *Schamanismus* wie auch weiterführende Trainings an. Die Stiftung ist eine gemeinnützige internationale Bildungsorganisation, die sich der Erhaltung und Lehre des schamanischen Wissens zum Wohle des Planeten und seiner Bewohner widmet. Es ist eine öffentliche wohltätige Organisation nach 501 (c) (3); Beiträge können, wie gesetzlich erlaubt, von der Steuer abgezogen werden. Für Indianer, die in den Stammesverzeichnissen gelistet sind, sind Preisnachlässe in Form von Stipendien für alle FSS-Kurse erhältlich. Adresse und Website:
Foundation for Shamanic Studies
P.O. Box 1939
Mill Valley, CA 94942
USA
Telefon: 001-415-380-8282
Website: http://www.shamanism.org
Für weitere Workshops: Omega unter http://www.omega.org oder Alberto Villoldos Four Winds Society unter http://www.thefourwinds.org.

13. Ich tanze mit der Bear Society von Russellville, Arkansas. Die Termine sind gewöhnlich auf der Website *Healing the Earth/Ourselves* gelistet; siehe http://blueskywaters.com.

14. Es sollte erwähnt werden, dass zwanzig Soldaten Ehrenmedaillen des Kongress für ihre Teilnahme an dem Massaker von Wounded Knee erhielten, in dem zweihundertundneunzig weitgehend unbewaffnete, meist ältere Männer, Frauen und Kinder getötet wurden. Wovoka starb als Jack Wilson im Jahre 1932, nachdem er kleine Rollen in Westernstummfilmen und als Nebenattraktion gespielt hat. Für mehr Informationen zu der entsetzlichen Behandlung der Indianer und ihrer Wirkungen siehe „Native American Spirituality: Freedom Denied" oder „Blood Quantum: Native America's Dirty Little Secret" auf der Website *Healing the Earth/Ourselves* unter http://www.blueskywaters.com.

15. CDs sind erhältlich auf den Websites:
*Healing the Earth/Ourselves* unter http://www.blueskywaters.com;
The Foundation for Shamanic Studies unter http://www.shamanism.org.
Auch zu Sandra Ingermans Buch: *Die schamanische Reise: Ein spiritueller Weg zu sich selbst* gibt es eine Trommel-CD mit gleichlautendem Titel (Ariston, München 2006).

16. CDs sind erhältlich auf den Websites:
*Healing the Earth/Ourselves* unter http://www.blueskywaters.com.
Peter V. Catches Jr., ein Lakota Sioux Medizinmann der 38. Generation, bietet heilige Lieder und eine CD in dem Lakota-Sprachführer an, den er über seine Website verkauft: http://www.ocetiwakan.org.

17. Boe Many Knives Glasschild's Anleitungen zum „Lightning Dance"sind unter http://www.creatrixstudio.com erhältlich. Sein E-Buch *The Shores Within* kann bestellt werden unter: http://www.manataka.org/page882.html.

18. Siehe Anmerkung 12.

19. Für eine Auflistung von nationalen und internationalen Trommelzirkeln siehe http://www.shamaniccircles.org/.

# Glossar

**Abschirmen:** Durch mentale Absicht eine schützende Energieschicht um sich herum schaffen, um negative Energie von außen abzuleiten.

**Animus/Geist:** Der Funke des Lebens

**Archetypen:** In möglicher Form existierende Eigenschaften, die manifestiert werden können; Originalmodelle, denen andere ähnliche Dinge nachgebildet werden können.

**Aufstieg:** Zu einem höheren Bewusstseinsniveau transzendieren; der nächste Schritt in der menschlichen und planetarischen Evolution.

**Aura:** Wahrgenommene Ausstrahlungen des Energiekörpers; oft als Farben gesehen, die Stimmungslagen, Gedanken oder Potenziale zeigen. Die energetischen Felder, die den physischen Körper umhüllen, einschließlich der physischen, ätherischen, emotionalen, mentalen, astralen und ätherischen Vorlagen sowie der spirituellen und kausalen Felder.

**Authentisches Selbst:** Wer du wirklich bist – nicht wer du zu sein meinst oder wer du laut äußeren Quellen bist.

**Chakra:** Sanskrit für Kreis oder Rad; die energetischen Zentren im Kern des Körpers, miteinander verbunden durch einen zentralen seelischen Energiekanal.

**Christus-Bewusstseinsnetz:** Auch die *Feder von Quetzalcoatl* genannt. Eine Energieschicht, die die Erde umhüllt und ihr höchstes Potenzial darstellt. Sie ist vermutlich von höheren Wesen, die oft als Aufgestiegene Wesen (auch als „Mächte" oder „die Heiligen") bezeichnet werden, eingerichtet worden, um der Menschheit durch den derzeitigen Wandel der Zeiten zu helfen.

# Kraftplätze finden und schützen

**Das Reich wechseln**: Die Bewegungen von Gegenständen zwischen den Dimensionen; während sich einige Gegenstände, wie beispielsweise Quarzkristalle, aufgrund ihrer energetischen Zusammensetzung routinemäßig zwischen den Dimensionen bewegen, werden andere verschwinden und nur dann wieder erscheinen, wenn sie sich in der Nähe eines Portals befinden.

**Ego**: Der Überlebensmechanismus, der Teil der Persönlichkeit ist. Siehe Persönlichkeit.

**Einheimische Völker**: Eingeborene Kulturen, die die traditionellen naturverbundenen Bräuche praktizieren.

**Energie**: Feine Kraft, die sich durch Lebenskraft, Schwingung oder Zusammenhalt manifestiert.

**Energiekörper**: Ein Körper, der jenseits der körperlichen Ebene existiert; bei Menschen erstreckt sich ein solcher Körper einen knappen Meter in jede Richtung und setzt sich danach in andere Dimensionen fort. Siehe Aura.

**Engel**: Lichtboten göttlichen Ursprungs, die Menschen durch das Leben begleiten und für Unterstützung und Inspiration zur Verfügung stehen.

**Erden**: Sich mit der Erde energetisch verbinden, um sicherzustellen, dass das Bewusstsein nicht aus anderen Dimensionen heraus agiert oder übermäßig von anderen energetischen Kräften beeinflusst wird.

**Fasten**: Siehe Visions-Suche (Vision Quest).

**Fluss der Schöpfung**: Die Bewegung oder der Stillstand von Energie in einem bestimmten Augenblick, die vom Beginn der Welt aus entsteht und sich durch die Zeit fortsetzt.

**Freier Geist**: Ein Landgeist, der gewöhnlich naturbelassene Gebiete abseits der Zivilisation oder des Kontaktes mit Menschen bewohnt; Verbündete.

**Gebetsstab**: Ein verzierter oder einfacher Stock, der durch Gebet eingesegnet wurde; er ist in Tücher, Bänder oder Wolle gehüllt und meistens in den Boden gepflanzt, um ein Gebet zu tragen.

**Gedankenformen**: Organisierte Energiemuster, die entweder frei schweben oder an einem Ort eingelagert sind und durch Rasseln oder andere Mittel der Umwandlung aufgelöst werden können.

**Geist**: Die wesentliche Qualität eines Wesens als ein Ausdruck der Seele; nichtkörperlicher Aspekt eines Menschen, der im Einklang mit der Bestimmung der Seele steht.

**Geistführer**: Geisthelfer, Seelenbrüder oder -schwestern aus vergangenen oder zukünftigen Leben oder geistige Lehrer, die für die Entwicklung einer speziellen Seele eine unterstützende Rolle übernommen haben.

**Geistsuche**: Nur dem zu folgen, was der Geist bestimmt, gewöhnlich für den Verlauf einiger Tage.

**Gemeinsam erschaffen**: Gemeinsam mit dem Schöpfer als Partner agieren.

**Gott (Schöpfer)**: Gott ist eins, alles; der Schöpfer ist der aktive Aspekt Gottes, der im Schöpfungswillen ausgedrückt wird.

**Göttinnen**: Landgeister der höchsten Ordnung, die gewöhnlich mit einem Ort oder einem Merkmal verbunden sind; auch Menschen, die transzendiert sind, aber aus freier Wahl zum Zwecke des Dienens in Geistform auf der Erde verweilen.

**Heiliger Kreis**: Alles, was verehrt, heilig gehalten und respektiert wird; ein abgeschlossener, geweihter Raum. Familie, Freunde, geliebte Menschen als eine Einheit; alle Wesen in unserem Leben – in der Vergangenheit, Gegenwart und Zukunft –, die mit uns verbunden sind.

**Herz- oder Kraftlied**: Ein Lied, das die einzigartigen positiven Energien, Charakterzüge und Absichten eines Menschen ausdrückt; es wird gewöhnlich durch Fasten und Gebet gefunden.

**Höhere Kraft**: Gott, wie er sich durch unsere höchste Natur ausdrückt.

**Jederzeit/keine Zeit**: Der Zugang zur Gegenwart auf ihrer tiefsten Ebene.

**Kachinas**: Übernatürliche Wesen, die von den Hopi verehrt werden und als Boten der Geistwelt erscheinen; Geistwesen.

**Klären**: Negative Energie zerstreuen (umwandeln). Das Klären von Orten reinigt sie gewöhnlich auch, da der Akt des Klärens die Schwingungsfrequenz steigert.

**Kraft- oder Herzlied**: Ein Lied, das die einzigartigen positiven Energien, Charakterzüge und Absichten eines Menschen ausdrückt; es wird gewöhnlich durch Fasten und Gebet gefunden.

**Kraftlinien** (Ley-Linien): Raster, die die Erde wiederholt durchkreuzen und potenzielle elektromagnetische Energie halten; viele Kraftlinien wurden von alten Völkern erkannt, die heilige Stätten auf ihnen bauten.

**Kraftort**: Ein Ort, an dem alle Energien einer Struktur oder eines Landgebietes konzentriert sind.

**Krafttier**: Eine Kraft des Universums in Tierform, das Führung und Schutz bietet; ein Totem.

**Lebenskraft-Energie**: Energie, die uns in der Natur umgibt; Energie, die von der Erde abgegeben wird.

**Lela wakan**: Lakota-Ausdruck für „sehr heilig".

**Lichtkörper**: Energetischer Körper; ein Begriff, der oft benutzt wird, um die Qualität der Energie um eine Person herum, im Gegensatz zu ihrem physischen Körper, auszudrücken. Siehe Merkaba.

**Materie**: Energiemuster, die wir so wahrnehmen, als ob sie Substanz haben.

**Medizin**: Die allen Dingen innewohnende Kraft.

**Medizinrad**: Ein System der amerikanischen Ureinwohner, das Gebet, Meditation und Entdeckung beinhaltet und dabei würdigt, dass das Leben einem Kreis folgt. Die Richtungen des Rades, von denen alle Dinge herrühren sollen, umfassen den Osten (Neuheit, Entdeckung), den Süden (Jugend, Wachstum,

Heilung), den Westen (Innenschau, Sonnenuntergang, das innere Licht) und den Norden (Weisheit, die Stammesältesten, die Vorfahren, die Vorangegangenen), der Mittelpunkt (Seele, Geist), oben (Göttlicher Vater) und unten (Erdenmutter).

**Meridiane**: Linien entlang des Körpers, in denen Energie gechannelt wird; zum Zweck der Heilung oft in der Akupunktur und in anderen energiemedizinischen Techniken verwendet.

**Merkaba**: In der heiligen Geometrie ein Stern-Tetrahedron; ein energetisches Gerüst, das einen Entwurf bietet, an den sich der Geist anlagert und von der DNS bei Pflanzen und Tieren einen körperlichen Ausdruck schafft. Eine geometrische Form, die den Lichtkörper beinhaltet; ein Energiemuster, das von Tieren, Pflanzen, Steinen und allen Dingen, einschließlich solchen, die von Menschenhand erschaffen wurden, geteilt wird.

**Morphogenetisches Feld**: Ein universelles Feld, das das Grundmuster eines Gegenstandes verschlüsselt. Vom Griechischen „morphe" (= Form) und „genesis" (= entstehend). Nicht-körperliche Wesen manifestieren sich in der dreidimensionalen Wirklichkeit durch morphogenetische Resonanz.

**Nagual**: Im Toltekischen Schamanismus das, was wirklich real ist (die nicht-gewöhnliche Wirklichkeit), im Gegensatz zu dem, was wir nach unserer Konsens-Realität als real annehmen; alles, was sein kann. Siehe *Tonal*.

**Nicht-gewöhnliche Wirklichkeit**: Die Wirklichkeit, die gesehen wird, wenn die alltäglichen Einschränkungen und Veranlagungen durch Trance oder andere Methoden ausgeschlossen werden.

**Ort**: Jeder definierte Bereich, einschließlich der in ihm enthaltenen Objekte.

**Persönlichkeit**: Alles das, an dem wir festhalten oder von dem wir glauben, dass es uns zu dem Menschen macht, der wir zu sein meinen. Siehe Ego.

**Pfeifen-Fasten**: Siehe Visions-Suche (Vision Quest).

**Portal**: Ein starker Wirbel, durch den Gegenstände und Wesenheiten von einer Wirklichkeitsdimension in die andere passieren können, während sie das Reich wechseln.

**Prana**: Universelle Lebenskraft-Energie.

**Rasseln**: Eine Rassel schütteln, um Energie aufzulösen.

**Räuchern**: Verbrennen einer Pflanze, wie beispielsweise Salbei, Zeder oder Mariengras, um die Energie eines Bereiches zu reinigen.

**Reiki**: Eine japanische Form der Energiemedizin, die mit heiligen Symbolen und Geistführern arbeitet; die Hände werden zum Channeln von Heilenergie verwendet.

**Reinigen**: Energie durch das Erhöhen ihrer Schwingungsfrequenz in eine höhere, positivere Form umwandeln.

**Ruhepunkt**: Ein innerer Ort völliger Ruhe und Stille, aus dem Intuition und Kreativität entspringen und Gleichgewicht gefunden werden kann; die Quelle des Seins.

**Schamane**: Sibirischer Begriff, der bedeutet: „Der, der im Dunkeln sieht"; ein Mensch, der mit Hilfe von Erdenergie, Geistführern und Krafttieren zu Einsichten gelangt; ein Medizinmann oder eine Medizinfrau.

**Schöpfungswille**: Die Energie des Augenblicks, die sich von einem Zustand zum anderen bewegt; das Potenzial, sich in eine andere Manifestation zu verwandeln.

**Schwingungsfrequenz/Schwingungsrate**: Das messbare Energieniveau, das eine Person, ein Ort oder ein Gegenstand besitzt; je höher die Frequenz, desto näher befinden sie sich an der Quelle oder in optimaler gesunder Einheit.

**Seele**: Die wesentliche Lebenskraft oder Essenz eines Wesens, die von Leben zu Leben unsterblich ist.

**Seelenrückführung**: Das Zurückholen von Seelenteilen, von Essenz, die durch ein Trauma verlorengegangen oder von einem anderen Menschen gestohlen worden sind.

**Selbstgespräche**: Der innere Dialog in unserem Kopf; die „Was ist wenn?"-Fragen, „Aber"-Einwände, Urteile und Ängste, die uns davon abhalten, zu sein, wer wir wirklich sind.

**Skan**: Von den Lakota; bedeutet „Kraft des Windes"; eine heilige Kraft der Bewegung; das, was vor Gott existierte; Lebenskraft-Energie; das Prinzip, das Gebete von Gebetsfahnen manifestiert.

**Starke Wirbel**: Durchgänge oder Portale in andere Dimensionen; Bereiche, wo die sich im Fluss befindliche Energie Zeit und Raum beeinflussen kann.

**Sternwesen**: Wesen von den Sternen, denen Kulturen rund um die Welt und zu allen Zeiten nachgesagt haben, dass sie die menschliche Entwicklung beeinflussen; sie werden an einigen heiligen Plätzen geehrt.

**Tonal**: Im Toltekischen Schamanismus die Vorstellung von dem, was real ist (unsere gewöhnliche Konsens-Realität), im Gegensatz zu dem, was wirklich real ist (die nicht-gewöhnliche Realität), das *nagual*. Siehe *Nagual*.

**Unoli**: Cherokee: wörtlich übersetzt „Winde"; wird als Bezeichnung für die Mächte der Himmelsrichtungen verwendet.

**Umwandlung**: Das Verwandeln von Energie von einem Zustand zum anderen, so wie das Wandeln von Wasser zu Eis oder Dunst, und anders herum; das Verwandeln von negativer oder träger Energie in positive oder aktive Energie, oder das Neutralisieren von Energie, die wieder von der Erde aufgenommen wird. Alte Praktiken beinhalten das Vergraben eines energetisierten Gegenstandes in den Boden, das Verbrennen im Feuer oder das Eintauchen in Wasser.

**Verbündete**: Freie Geister des Landes, die helfen können, natürliche Lebensräume zu heilen und zu schützen.

**Verstand Gottes**: Ausweitung menschlichen Denkens zu höherem Bewusstsein, so weit wie vorstellbar.

# Kraftplätze finden und schützen

**Visions-Suche** (Vision Quest): Eine Zeit, die an einem abgelegenen oder einsamen Ort unter der Anleitung eines spirituellen Ältesten verbracht wird. Sie ist als Gelegenheit zur Entdeckung des inneren Selbst, der Bedeutung des Lebens oder für die Verbindung mit höheren Wesen gedacht.

**Wakan**: Lakota für „heilig".

**Wakan-Tanka**: Lakota für „Großer Geist", „das Große Mysterium", Gott.

**Zauberstab**: Langes, dünnes Hilfsmittel, das verwendet wird, um Energie zu leiten, wenn es auf etwas gerichtet wird. Einige sind verziert mit Schnitzereien, Federn, Perlen und ähnlichem Schmuck, während andere so schlicht wie ein Zweig oder eine Feder sind.

**Zentrieren**: Den Kern des Bewusstseins im Körper aufsuchen; magnetische Energie aus der Erde und elektrische Energie von der Sonne beziehen, um in ausgeglichenem Bewusstsein zu handeln.

# Bibliographie

Bohm, David. *Die implizite Ordnung. Grundlagen eines dynamischen Holismus.* Goldmann Verlag, München 1987

Boyd, Doug. *Mad Bear: Spirit, Healing, and the Sacred in the Life of a Native American Medicine Man.* Touchstone, New York 1994

Boyd, Doug. *Rolling Thunder: Erfahrungen mit einem indianischen Medizinmann.* Maro-Verlag, Augsburg 2001

Braden, Gregg. *Das Erwachen der Neuen Erde: Die kollektive Einweihung.* Hans Nietsch Verlag, Freiburg 1999

Braden, Gregg. *Der Jesaja-Effekt.* Koha Verlag, Burgrain 2001

Braden, Gregg. *Zwischen Himmel und Erde. Der Weg des Mitgefühls.* Koha Verlag, Burgrain 2001

Castaneda, Carlos. *Die Lehren des Don Juan: Ein Yaqui-Weg des Wissens.* Fischer Taschenbuch, Frankfurt 1998

Catches, Pete S., Sr. / Catches, Peter V. (Hrg.). *Sacred Fireplace (Oceti Wakan): Life and Teachings of a Lakota Medicine Man.* Clear Light Publishers, Santa Fe/N.M. 1999

Diamant, Anita. *Das Rote Zelt der Frauen.* Droemer Knaur, München 2001

Eagle Feather, Ken. *Die Spur des Schamanen. Der einzigartige Bericht des indianischen Sehers.* Falken Verlag, Niedernhausen 1998

Emoto, Masuro. *Die Botschaft des Wassers.* Bd. 1 & 2. Koha Verlag, Burgrain 2002/2003

Ewing, Jim PathFinder. *Kraftplätze finden und schützen: In Verbindung mit der Erde neue Lebensenergien erschließen.* Aquamarin Verlag, Grafing 2008

Harner, Michael. *Der Weg des Schamanen*. Ullstein Taschenbuch, Berlin 2004

Ingerman, Sandra. *Auf der Suche nach der verlorenen Seele. Der schamanische Weg zur inneren Ganzheit*. Ullstein Buchverlage, Berlin 2005

Ingerman, Sandra. *Die Heimkehr der Seele. Schamanische Selbstheilung*. Ullstein Buchverlage, Berlin 2005

Ingerman, Sandra. *Die schamanische Reise. Ein spiritueller Weg zu sich selbst*. Ariston Verlag, München 2004

Ingerman, Sandra. *Heilung für Mutter Erde. Wie wir uns und unsere Umwelt verwandeln können*. Ansata Verlag, München 2003

Kelly, Maureen J. *Reiki and the Healing Buddha*. Lotus Press, Twin Lakes, WI 2000

Lungold, Ian Xel. *Mayan Calendar and Conversion Codex*. Majix Inc., Sedona/ Arizona 1999

Mails, Thomas E. *Das Leben des Fools Crow*. Fischer Verlag, Frankfurt 1996

Medicine Eagle, Brooke. *Buffalo Woman Comes Singing*. Ballantine Books New York 1991

Medicine Eagle, Brooke. *The Last Ghost Dance: A Guide for Earth Mages*. Wellspring/Ballantine, New York 2000

Melchizedek, Drunvalo, *Die Blume des Lebens*, Bd. 1 und 2. Koha Verlag, Burgrain 2000

Moore, Christopher. *Blues für Vollmond und Kojote*. Goldmann Verlag, München 2008

Neihardt, John G. *Ich rufe mein Volk. Leben, Visionen und Vermächtnis des letzten großen Sehers der Ogalalla Sioux*. 1995

Ruiz, Don Miguel. *Die vier Versprechen. Ein Weg zur Freiheit und Würde des Menschen*. Ullstein Buchverlage, Berlin 2006

# Bibliographie

Sams, Jamie. *Die Traumpfade der Indianerin. Sieben Schritte zu einem bewussten Leben.* Ullstein Buchverlage, Berlin 2006

Weiss, Brian, M.D. *Heilung durch Reinkarnationstherapie. Ganzwerdung durch die Erfahrung früherer Leben.* Ullstein Buchverlage, Berlin 2007

Weiss, Brian, M.D. *Die zahlreichen Leben der Seele. Die Chronik einer Reinkarnationstherapie.* Goldmann Verlag, München 2005

Ywahoo, Dhyani. *Am Feuer der Weisheit: Die geheimen Überlieferungen der Tsalagi-Indianer.* Theseus Verlag, Berlin 2001

Zukov, Gary. *The Dancing Wu Li Masters: An Overview of the New Physics.* William Morrow, New York 1979

## Über den Autor

Jim PathFinder Ewing ist ein Reiki-Meister, der Schamanismus lehrt und mit seiner Frau Annette Waya Ewing in Lena (Mississippi), USA lebt. Er hält Zeremonien und gibt Workshops, Kurse und Vorlesungen an vielen Orten. Jim ist unter folgender Adresse erreichbar:

Jim PathFinder Ewing
P.O. Box 387
Lena, MS 39094
U.S.A.

Um seine kostenlosen monatlichen Online-Nachrichten – „Keeping in Touch" – zu erhalten, besuche seine Website „Healing the Earth/Ourselves" unter http://www.blueskywaters.com.

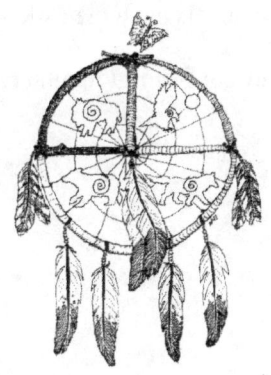

Jim PathFinder Ewing
# Kraftplätze finden und schützen

Taschenbuch, 168 Seiten
ISBN 978-3-89427-392-7

Seit Jahrtausenden wurden Tempel, Pagoden, Kathedralen oder Kirchen an bestimmten Plätzen errichtet. Diese Plätze wurden niemals zufällig ausgewählt, sondern von den Eingeweihten, Schamanen oder Priestern der großen Hochkulturen bewusst ausgesucht. An diesen „Kraftorten" kreuzen sich „Energielinien" oder „Energiefelder", die eine außergewöhnliche Kraft freisetzen.

Jim PathFinder Ewing hat sich seit vielen Jahren das Ziel gesetzt, den Menschen erneut das Wissen um die Kraftplätze zu vermitteln. Dabei zeigt er auf, welchen Beitrag der Einzelne zu leisten vermag, um Kraftplätze wieder zu reinigen und somit ihrer eigentlichen Bestimmung zuzuführen. Ist dies geschehen, stärken und heilen sie sowohl den Menschen als auch die Erde.

Ein praktischer Führer zur Reinigung und Heilung der Erde und ihrer Lebewesen!

Jim PathFinder Ewing

# Kraftplätze
## finden und schützen

### In Verbindung mit der Erde neue
### Lebensenergien erschließen

tb